Max Grünbaum

Jüdisch-spanische Chrestomathie

Max Grünbaum

Jüdisch-spanische Chrestomathie

ISBN/EAN: 9783337374709

Printed in Europe, USA, Canada, Australia, Japan

Cover: Foto ©Lupo / pixelio.de

More available books at **www.hansebooks.com**

JÜDISCH-SPANISCHE CHRESTOMATHIE

VON

M. GRÜNBAUM.

MIT UNTERSTÜTZUNG DER ZUNZSTIFTUNG GEDRUCKT.

FRANKFURT AM MAIN.
VERLAG VON J. KAUFFMANN.
1896.

Druck der Akademischen Buchdruckerei von F. Straub in München.

Inhaltsverzeichniss.

	Seite
Einleitung	1

Biblische und liturgische Bücher.

	Seite		Seite
Pentateuch ed. Const. 1547	10	Sasportas, die 613 Gebote	40
„ „ „ 1873	12	Seder Berachoth	41
Aus der ferrarensischen Uebersetzung	14	Ben Sira	44
		Sefer hajaschar	47
Biblia en dos colonas	15	Toledoth bne Israel	51
Aus der Wiener Bibelübersetzung	17	Sephardischer Pismon	52
Aus Machsor ed. 5344	20	Selichoth	55
„ „ „ 5410	21	Pesach-Hagadah	56
Orden de las oraciones cotidianos	23	Pirke Aboth	61
Beth Thephillah	24	Abodath Haschanah	64
Uebersetzung aus dem hohen Lied	27	Kethubah	65
Luis de Leon, Uebersetzung	31	Thephillath Kol pe	66
Paraphrase zu Jeremias c. 8. 9	34	Peri ez hadar	67
		Emunath Israel	70
„ „ „ arabisch	36	Kara alai moed	72
Buch Ruth und Asharoth	37		

Ethisch-religiöse Bücher.

Obligaçion de los coraçones	75	Pele joez	100
Meâm loês	76	Meschibath Nefesch	109
Kab hajaschar	81	Tikkun Seudah	111
Schebet Mussar	84	Almenara de la luz	114
Chanoch lenaar	88	Regimiento de la vida	115
Wehochiach Abraham	91	Iggereth baale chajim	117
Mekor Chajim	95	Iggereth hapurim	118
Tobah thochachah	97	Fuente clara	120

Bücher belehrenden Inhalts.

	Seite		Seite
Sefer habrith	122	Gramatica de la lengua santa	130
Schebet Jehudah	123	Chanoch lenaar	131
Schebile Olam	125	Magen David	132
La escalera a la anvisadura	127	Amud de Raschi	133

Schriften kabbalistischen Inhalts.

Leket hasohar	134	Dath jehudith	137
Schibche Ari	136		

Humoristische und unterhaltende Schriften.

Alegria de Purim	139	Calendario de el año 5630	146
Roscas de Purim	142	Una mirada a la historia ottomanna	146
Complas de Joseph	143		
Tochachath magulah	144	Historia universal	147
Historia de Alexandros el grande	145	La historia de Napoleon tercero	147
La familia misteriosa	145	Don Joseph y su hija	147
Meschalim de Schelomoh	146	Kol mebasser	148

Zeitschriften, Zeitungen und Zusätze.

Tresoro	148	Job	154
El lunar	149	Imre binah	154
Guerta de historia	149	Beth thephillah	154
El dragoman	150	Gedullath Moscheh	154
El correo de Viena	151	Darke ha-adam	155
El tiempo	152	Chanuka	155
La buena esperanza	153	Olath Schabbat	155
Ahaba tiskor	153	Complas de פסח	155
Eldad hadani	153	Tochachath mussar	155

Einleitung.

Die Benennung „jüdisch-spanisch" ist, analog dem Ausdrucke „jüdisch-deutsch", insofern zutreffend, als dieses Idiom eine Mischung spanischer und jüdischer Elemente enthält. Der Inhalt, die Sprache, ist spanisch, die Form, die Schrift, ist jüdisch; aber auch in der Sprache kommen neben den spanischen hebräische Wörter vor; dann und wann hat ein hebräisches Wort eine spanische Endung, wird also wie ein spanisches Wort behandelt, was im Jüdisch-Spanischen allerdings seltener vorkommt als im Jüdisch-Deutschen. Aber auch das Spanische kann insofern jüdisch genannt werden, als darin spanische Wörter vorkommen, die nur bei den Juden gebräuchlich waren und zum Theil noch sind, altspanische Wörter, die aus der Schriftsprache längst verschwunden sind und sich nur bei den Juden erhalten haben. Auch ist der Inhalt dieser Schriften ein jüdischer, da sie zumeist jüdischen Schriften entnommen sind, wie auch ein grosser Theil derselben Uebersetzungen jüdischer Schriften sind.[1])

Von denen, welche sich dieser jüdisch-spanischen Sprache bedienten und noch bedienen, von den aus Spanien stammenden Juden (auch Portugiesen genannt) wird diese Schrift gewöhnlich Ladino, auch zuweilen Español genannt.[2])

---

[1]) Zu der jüdisch-spanischen Literatur bietet die arabisch-spanische manche Analogie, wie ich das ausführlicher in meinen Beiträgen zur semitischen Sagenkunde (p. 245 fg.) nachgewiesen habe.

[2]) „Ladino" ist nach dem Diccionario der spanischen Akademie im Altspanischen die Benennung der spanischen (castellanischen) Sprache (Ladin wird auch die in einem Theile des Cantons Graubündten in der Gegend von Engadin gesprochene Sprache genannt). In der weiter unten anzuführenden Uebersetzung des 114. Psalm wird das לְעֹ֗ז Vs. 1 mit ladinan — ladinado — ladinador übersetzt. „Ladinar" für „übersetzen" findet sich auch bei de Oliveyra (als portugiesisches Wort auf dem Titelblatte von כי־אם לשון עץ חיים) und in der weiter unten No. 6 erwähnten Bibel v. J. הקה״.

Die hebräischen (und talmudischen) Wörter, die sowohl im Jüdisch-Deutschen wie im Ladino vorkommen, gehören bestimmten Kategorien an. Zunächst sind es die zur Religionssphäre gehörigen Wörter, die kaum übersetzbar sind (wie sie denn auch in den Bibelübersetzungen oft beibehalten werden); zu diesen gehören auch alle auf den Talmud und das Talmudstudium bezüglichen Ausdrücke, sowie die bei letzterem vorkommende Terminologie.

Hebräisch sind auch die Wörter, die sich auf das Gemüthsleben beziehen. Der hebräische Ausdruck ist viel wirksamer und eindringlicher als es der deutsche oder spanische sein würde, da er erinnerungsreicher ist. Die hebräischen und talmudischen Wörter für Wittwe, Waise, Wohlthätigkeit, Erbarmen, Ehrung der Eltern und viele andere der Art erinnern unwillkürlich an die Bibel- und Talmudstellen, in denen diese Ausdrücke vorkommen. Es sind das die Stellen, in denen die Fürsorge für Wittwen und Waisen, die Wohlthätigkeit, die Pietät, die Liebe zu allen Geschöpfen zur Pflicht gemacht und dringend ans Herz gelegt wird.[1]) Diese Ausdrücke sind altherkömmliche, von Geschlecht zu Geschlecht überlieferte, Losungsworte.

Hebräisch und talmudisch sind zumeist auch die dem höheren geistigen Leben angehörigen Ausdrücke, d. h. die in der Sprache des gewöhnlichen Lebens selten oder nie, um so häufiger aber in der Literatur vorkommen.

---

[1]) Das Wort „Thierquälerei" — das überhaupt neueren Ursprungs ist — kennt man im Jüdisch-Deutschen nicht, aber die Sache ist schon seit Jahrhunderten bekannt und der dafür gebrauchte Ausdruck ist ein hebräisches Wort, das in den jüdischen Schriften häufig vorkommt, als „Qual eines lebenbegabten Wesens" (צַעַר בַּעֲלֵי חַיִּים), die streng verboten wird. Liebe und Mitleid gegen die Thierwelt werden an vielen Talmudstellen zur Pflicht gemacht und durch einzelne Beispiele illustrirt (z. B. B. Mezia 85a, Bereschith Rabba S. 33). In diese Kategorie gehört auch das an eine Bibelstelle angeknüpfte Gebot, erst dem Hausthiere zu essen zu geben, ehe man selbst isst (Gittin 62a). Alles das gründet sich auf die Vorschriften der Bibel, wie es denn auch Michaelis (Mosaisches Recht III, § 164, p. 186) hervorhebt, dass Moses die Grausamkeit gegen die Thiere nicht nur, sondern auch den Schein der Grausamkeit vermieden wissen will, und dass er auch gegen die Thiere Billigkeit und Güte beobachtet. Es ist ein auf Unwissenheit sich gründendes Vorurtheil, wenn Schopenhauer (Die beiden Grundprobleme der Ethik, 2. Aufl. p. 238 fg.) sagt: Die vermeinte Rechtlosigkeit der Thiere ...., der Wahn, dass es gegen sie keine Pflichten gebe, ist eine empörende Rohheit und Barbarei des Occidents, deren Quelle im Judenthume liegt.

Hebräisch oder talmudisch sind auch alle emphatischen Ausdrücke, zu denen auch herabsetzende Benennungen gehören. Das gilt namentlich von der gesprochenen Sprache, der Sprache des mündlichen Verkehrs.

Dass sich im Jüdisch-Deutschen viele altdeutsche Wörter erhalten haben, hat seinen Grund theils in der Abgeschiedenheit, in der die Juden lebten, theils in ihrer Pietät für das Altherkömmliche, die sich auch in der Kleidung, in Sitten und Gebräuchen kund gibt. Dass aber im Jüdisch-Spanischen so viele altspanische Wörter vorkommen, hat seinen Grund darin, dass die Juden zu Ende des 15. Jahrhunderts aus Spanien vertrieben wurden, also nur die damals gesprochene Sprache sich fortpflanzen konnte. Unter den in den jüdischen Schriften vorkommenden altspanischen Wörtern finden sich viele, die in den spanischen Wörterbüchern nicht verzeichnet sind, während einige der in den Wörterb. fehlenden Wörter allerdings in Sanchez' Vocabulair zu dem von ihm edirten altspanischen Autoren [1]) angeführt werden, allein viele der in den jüdischen Schriften vorkommenden Wörter finden sich sonst nirgends erwähnt. Allerdings fand und findet das Studium der älteren Sprachen und der Dialecte im Spanischen weniger Pflege als das bei anderen Sprachen der Fall ist.

Ein charakteristischer Unterschied zwischen der jüdisch-spanischen und der jüdisch-deutschen Literatur besteht darin, dass in ersterer viele Bücher in lateinischen Lettern gedruckt sind, die sich von den mit hebräischen Buchstaben gedruckten fast nur durch die Schrift unterscheiden. In der jüdisch-deutschen Literatur hingegen gibt es keine Bücher mit deutschen Lettern, sie sind alle mit hebräischen Lettern gedruckt und damit steht es in Zusammenhang, dass in sehr vielen jüdisch-deutschen Büchern der Abstand von der deutschen Schriftsprache weit grösser ist, als der Abstand von der spanischen Schriftsprache in den jüdisch-spanischen Büchern.

Dieser Unterschied zeigt sich namentlich bei den Bibelübersetzungen. Eine Ausgabe der ferrarensischen Uebersetzung ist in gothischen, eine andere in lateinischen Buchstaben gedruckt, ebenso sind die später zu erwähnenden Biblia en dos colonas und die Pentateuchübersetzung vom Jahre 5451 in lateinischen Buchstaben gedruckt.

---

[1]) Dieses Vocabulaire ist auch besonders erschienen unter dem Titel: Vocabulario de voces anticuadas. Auch in dem weiter unten anzuführenden Glossar zum Fuero juzgo werden mehrere altspanische Wörter erklärt

während die jüdisch-deutschen Uebersetzungen nur in jüdisch-deutscher Schrift existiren.

Und damit steht ein anderer Unterschied in Zusammenhang. Die jüdisch-deutschen wie die jüdisch-spanischen Bibelübersetzungen stimmen darin überein, dass sie sich — wie das auch bei der persischen [1]) und der neugriechischen [2]) Uebersetzung der Fall ist — so wörtlich als möglich dem Texte anschliessen, in den jüdisch-deutschen Uebersetzungen hingegen kommen — bei den einen mehr, bei den anderen weniger — ausserdem auch viele hebräische Wörter vor. Nach den jüdisch-spanischen Uebersetzungen unterrichtete man wahrscheinlich auch in den Schulen, dafür sprechen schon die vielen Ausgaben derselben. Jüdisch-deutsche Uebersetzungen gab es weit weniger. Im vorigen Jahrhundert dienten beim Unterricht die Glossare des Moses Särtels.[3])

Ein durchgehender Unterschied zwischen der jüdisch-spanischen und der jüdisch-deutschen Literatur ist ähnlich dem Unterschiede zwischen den sephardischen und den deutschen liturgischen Poesien, von denen die ersteren an Form und Inhalt poetisch schöner sind als die letzteren. Wer je einmal dem Gottesdienste in der prachtvollen portugiesischen Synagoge in Amsterdam beiwohnte, dem kam dieser Unterschied auch noch in anderer Beziehung zum Bewusstsein. Die feierlich ruhige Würde dieses Gottesdienstes unterscheidet ihn sehr von dem in den deutsch-holländischen Synagogen. Auch der schon seit langer Zeit bestehende jugendliche Chor trägt zur Verschönerung und Veredlung desselben sehr Vieles bei; dazu stimmen dann auch die hellen Vocale der hebräischen Wörter im Gegensatze zu den dunklen und dumpfen Lauten der deutsch-holländischen Aussprache.

Dieselbe spanische Grandeza tritt Einem aber auch in den in Amsterdam gedruckten jüdisch-spanischen Büchern entgegen, die nicht nur schöner gedruckt sind als die jüdisch-deutschen, sondern auch

---

[1]) Munk, Notice sur R. Saadia Gaon (Sonderabdruck aus der Cahen'schen Bibel V. IX, p. 64 fg.).

[2]) Revue des études juives 1891, T. XXIII, p. 252 fg.

[3]) Cf. meine jüdisch-deutsche Chrestomathie p. 22 und 557 fg., Güdemann, Quellenstudien p. 239 und 289. Die in meiner Chrestomathie (p. 20) angeführte Uebersetzung von ויבז עשו את הבכורה lässt vermuthen, dass man beim Unterricht, namentlich beim Privatunterricht, nicht immer den gedruckten Uebersetzungen folgte.

mit grösserem Pomp auftreten, so dass man aus denselben auch zugleich die hohe Stelle ersieht, welche die portugiesische Gemeinde einnahm. Dahin gehören z. B. auch die vielen — in lateinischen Lettern gedruckten — Dedicationen an die Vorsteher.

Dergleichen — wie namentlich auch die Gutachten von hochstehenden Personen — findet sich übrigens auch bei den anderswo gedruckten Schriften, im Allgemeinen aber kann man sagen, dass die jüdisch-spanischen Bücher — den hebräischen gegenüber — lange nicht die gedrückte und untergeordnete Stelle einnehmen, wie die jüdisch-deutschen, wie denn auch die Verfasser derselben weit bekannter sind, als die der jüdisch-deutschen Schriften.

Eine Folge all dieser Eigenthümlichkeiten ist, dass die Lectüre jüdisch-spanischer Bücher, sowie das Abschreiben einzelner Stellen daraus weit angenehmer ist, als das bei den jüdisch-deutschen der Fall ist, wie ich selbst diese Erfahrung gemacht habe.

Ein mehr die Geschichte dieser Idiome betreffender Unterschied besteht darin, dass das Jüdisch-Deutsche in Deutschland ausser Gebrauch gekommen, wenigstens was die Schrift betrifft. Jedenfalls werden keine jüdisch-deutschen Bücher mehr gedruckt; sogar die hochdeutschen Uebersetzungen der Bibel sowie der Gebetbücher, die früher in jüdisch-deutscher Schrift gedruckt wurden, erscheinen jetzt in deutschen Lettern, da nur Wenige das Jüdisch-Deutsche lesen können. Das Jüdisch-Spanische hingegen ist seit der Vertreibung der Juden aus Spanien die Muttersprache derselben im ganzen Orient, in Rumänien und Bulgarien, sowie in einigen deutschen Städten. Bemerkenswerth ist namentlich, dass die in Wien lebenden Sephardim, zumeist Levantiner, gewissermassen eine spanische Colonie bilden. Nicht nur dass sie im gegenseitigen Verkehr sich der spanischen Sprache bedienen; es erscheinen auch Bücher in derselben Sprache, wie deren mehrere, zum Unterricht und zur Religionssphäre gehörige, weiter unten anzuführende, in den jüngsten Jahren erschienen sind, ebenso zur Profanliteratur gehörige Bücher, sowie zumeist für den Orient bestimmte Zeitungen und Zeitschriften.

Alle diese Bücher gehören dem eigentlichen Ladino an, da sie in hebräischer Quadrat- oder Raschischrift gedruckt sind. Alle derartigen Bücher unterscheiden sich in manchen Einzelheiten von den mit lateinischen Lettern gedruckten. Es kommen darin mehr hebräische (auch türkische) sowie spanische Wortformen vor, die in den übrigen Büchern fehlen, sowie Abkürzungen, die vielleicht den spanischen

Dialecten und Volkssprachen angehören. Beispiele hiervon werden die im Folgenden angeführten Specimina bieten.

Im Folgenden habe ich nur Auszüge aus diesen in hebräischen Buchstaben gedruckten Büchern gegeben, mit Ausnahme einiger Bibelübersetzungen, des sprachlichen Interesses wegen, sowie des מנורת המאור, als eines seltenen und werthvollen Buches. Von den in lateinischen Lettern gedruckten habe ich sonst — ausser den genannten — keine Auszüge gegeben, denn abgesehen davon, dass ich, um Raum zu ersparen, nur eine Auswahl treffen konnte, so sind diese Bücher, weil in gewöhnlicher Schrift gedruckt, leicht zu lesen, dann auch sind sie weniger originell und charakteristisch, als die in hebräischen Lettern gedruckten.

Die Bibelübersetzungen, aus denen im Folgenden Auszüge gegeben werden, sind:

1) Die polyglotte Pentateuchübersetzung ed. Constantinopel 1547 mit dem Titel:

השבח למחויב המציאיות אשר העיר אותנו להדפיס .... חמשה חומשי
תורה עם הפטרות וחמש מגלות .... תרגום המקרא בלשון יון ולשון
לעז שתי הלשונות המורגלות בבני עמינו השוכנים בארצות תוגרמה ....
תרגום אנקלוס ופירוש רש״י קושטנדינא שז״.¹)

(In hebräischer vocalisirter Quadratschrift gedruckt. E. Soncino, Constantinopel 1547.)

2) Biblia en lengua Española traduzida palabra por palabra dela verdad hebrayca por muy excelentes letrados vista y examinanda por el officio dela Inquisicion.

Con privilegio del Illustrissimo Señor Duque de Ferrara.

Auf dem Colophon heisst es: A gloria y loor de nuestro Señor se acabo la presente Biblia en lengua Española traduzida de la verdadera origen hebrayca por muy excelentes letrados: con yndustria y diligencia de Abraham Usque Portugues: estampada en Ferrara a costa y despesa de Yom Tob Atias hijo de Levi Atias Español en 14 de Adar de 5313.

---

¹) Diese Ausgabe ist äusserst selten. Ich verdanke die Benutzung derselben der Güte des Herrn Dr. Perles, der zwei Exemplare derselben besitzt. Beide sind aber unvollständig, wie auch das Titelblatt fehlt. Den Titel hat mir Dr. Perles nach Zedner's Catalog der Hebraica im British Museum (p. 107) mitgetheilt, sowie dessen Notiz: This copy wants the title-page, which has been supplied from Mulder, Jets over de vertalingen etc. p. 9.

Diese Ausgabe — 400 Blätter in Folio — ist in gothischen, eine spätere — beendet 15 Schebat 5390 — in lateinischen Lettern gedruckt.

Auf der Kehrseite des Titelblattes findet sich ein:

Prologo a la muy magnifica Señora Doña Gracia Naci (cf. Kayserling, Biblioteca Española-Portugueza-Judaica, p. XII, 28).[1])

3) תורה נביאים וכתובים בשני עמודים. Biblia en dos Colunas Hebrayco y Español. En la primera coluna el original hebrayco con todas las perfecciones en las letras, puntos y taamim, con las anotaciones de Or Tora, poniendo cada coza en su lugar. En la segunda coluna la traduccion en la lengua española, y buscamos la palabra mas propria en aquella lengua para exprimir el sentido, para lo que añadimos a las vezes alguna palabra inter ( ) lineas para mayor clareza.[2])

נדפס באמשטרדם

a casa y a costa de Joseph, Jacob y Abraham de Salomon Proops, estampadores y mercadores de libros hebraicos y españoles en Amsterdam, Aº 5522.

Alles dieses ist — wie das Buch selbst — in lateinischen Lettern gedruckt. Kayserling p. 29.

4) ספר ארבעה ועשרים.

Estampado en la estamparia del Señor Georg Holzinger sobre su gasto con licencia del Sr Emperador el Rey Franz primo en Viena 1813.

שנת כי עמך מקור חיים.

In deutschen Lettern: Wien, gedruckt bei Georg Holzinger, k. k. priv. Buchdruckerei in deutscher und hebräischer Sprache.

Darauf folgt der Separattitel:

חמשה חומשי תורה והוא חלק ראשון מארבעה ועשרים, darauf folgt der Titel: ספר מנחת שי .... מהרב הגדול החכם המדקדק הגדול מהו' ידידיה שלמה מנורצי צוקל, darauf folgt eine hebräische Vorrede, unterzeichnet Aaron Pollak, dem Herausgeber, dann eine Vorrede in Ladino, von dessen Mitarbeiter ישראל בן חיים von Belgrad.

---

[1]) Dass bei Kayserling andere Namen angeführt werden als die obigen, erklärt sich aus dem, was Grätz in seiner Geschichte der Juden T. IX, p. LXIV bemerkt.

[2]) Das hier Mitgetheilte ist die Uebersetzung des gleichzeitig in hebräischer Sprache Gegebenen.

5) ספר ארבעה ועשרים תורה נביאים וכתובים ובגליון יבוא פירוש
המלות בלשון לועז ספרדי בויניציאה בשנת 'ועדהי זו אלמדם.
Nella stamparia bragadina.

Auf diesen Titel (der sich bei den zwei folgenden Theilen des
הנ״ל wiederholt) folgt auf der nächsten Seite ein ausführlicherer.
Die am Rande beigedruckten Erklärungen einzelner Wörter sind in
lateinischen Lettern gedruckt.

6) ספר כתובים עם לעז ופירוש רש״י ז״ל נדפס פה קושטנדינא שנת
בבית אלהים נהלך ב׳רגש (תקה).

Am Schlusse des Buches heisst es: Bendezir bendeziremos y
daremos loores a el santo bendicho el que mos (für nos) llego a
cumplir a estampar el ארבע ועשרים con פירוש רש״י y ladino entero
bien ladinado. Die in Raschischrift gedruckte Uebersetzung umfasst
also die ganze Bibel, ich besitze aber nur den dritten Band, die
כתובים enthaltend.

7) ספר תורה נביאים וכתובים.

El libro de la ley, los prophetas y las ecrituras, trasladado en
la lengua Española. Constantinopla 1873. (In hebräischer Quadratschrift.)

Die Uebersetzung ist in Raschischrift gedruckt. Das Buch
besteht aus zwei Bänden.

8) חמשה חומשי תורה.

Cinco libros de la ley divina con las Aphtarot de todo el Año.
De nuevo Corregido y a su costa impressa, por David Tartaz. En
Amsterdam Año 5450. Kayserling p. 30.

Zur Erklärung einzelner Wörter werden im Folgenden mehrere
Bücher angeführt, und zwar:

ספר חשק שלמה.
והוא העתק כל מלה זרה שבכל המקרא מלשון
הקדש ללשון לעז נמצא בבית החכם השלם
כמוהר״ר גדליה קורדואירו יצ״ו ורצה להדפיסו לזכות
את הרבים בויניציאה במצות השרים המעולים
פייטרו ולורינצו בראגדין.

In lateinischen Lettern: Appresso i Clar. Sig. Pietro y Lorenzo
Bragadin.

Es ist das ein Glossar zur ganzen Bibel, nach der Reihenfolge der einzelnen Bücher und Capitel. Kayserling p. 64.[1])

ספר עץ חיים.

Hes-Haym, Arvore de Vidas, Thezouro de Lingua Sancta, Dedicado a os Ss. Parnassim de Talmud Torá Thezoureiro de Hes-Haym. Por Salomoh de Oliveyra באמשטרדאם רענן בשמן בלהי בשנת. Darauf folgt eine in portugiesischer Sprache verfasste Dedicatoria a os Nobilissimos Senhores Parnasim de Talmud Torá e Thezoureiro de Hes-Haym, A 26 de Menahem Anno 5442. Daran schliesst sich ein Prologo des Verfassers, darauf folgt derselbe ausführlichere Titel (עץ חיים ספר — חיים עץ לשון מרפא) hebräisch und portugiesisch, sowie ein Imprimatur von Ishac Abnab, vom Adar 5441.

Dieses Glossar enthält auf 67 Blättern klein 8⁰ die hebräischen Wurzelwörter in alphabetischer Ordnung. Neben jedem Worte steht — ähnlich wie in dem jüdisch-deutschen אנשיל ר של ספר und im מקרא דרדקי — ein biblischer Satz, in dem das Wort vorkommt, daneben dessen spanische Uebersetzung in lateinischen Lettern.

Darauf folgt mit fortlaufender Paginirung:

כתוב ארמית הוא ביאור תרגום שבמקרא ופירושו.

Declaracion le las palabras Caldaicas que se hallan en la Sacra Escritura (5 Blätter).

Darauf folgt mit neuer Paginirung:

זית רענן יפה פרי תואר ...

Alpha-beta Hebraico, declarado em Portuguez. I. Das palavras da Misná. II. Das uzadas na Guemará. III. Das Artes Espiculativas. IV. Das Sciencias contemplativas. Como se achaõ nas compoziçoems dos Autores.

Am Schlusse (p. 44) heisst es:

בשנה ונפשי הגיל בי׳ .... נדפס בבית דוד האיטאס יצו ימתוקן ביד חתנו שמואל טישיירה יצו בשנת שפה ברורה לקרוא.

Darauf folgt von links nach rechts gehend und in der Reihenfolge des lateinischen Alphabets (A—Z):

אילן שענפיו מרובין.

Vocabulario Da Lingua Portuguesa, explicado em Hebraico. Os verbos (1.), Os Adverbios (2.), Os Nomes (3.), E as Dicçoems (4.).

---

[1]) Der (ungenannte) Verfasser dieses Glossar ist Jacob Lumbroso. Cf. De Castro, Bibl. Esp. I, 476, Kayserling, l. c.

Como está em uzo e vem todos sentidos de cada palavra (53 pp.). Alle spanischen in diesem Buche vorkommenden Wörter sind mit lateinischen Lettern gedruckt. Kayserling, p. 80.

אוצר דברי לשון הקדש
o diccionario de la lengua santa con la declaracion de cada vierbo en la lengua ספרדית, por William Gottlieb Schauffler (בילייאם גוטליב שאבפליר). Constantinopla emprimido en la emprenta de A. Gorgel. 1855—5615 (in hebräischer Quadratschrift).

Dieses in Raschischrift gedruckte Hebräisch-Ladino Wörterbuch umfasst 440 Seiten in 8°.[1])

Biblische und liturgische Bücher.

Aus der Pentateuchübersetzung ed. Constantinopel 1547.
Gen. 37, 23—36.

Vs. 23. Y fue como vino יוסף a sus hermanos (אירמאנוש)[2]) y hizieran denudar a יוסף a su tunga[3]) a tunga de los pedazos que sobre el. 24. Y tomaroulo y echaron a el[4]) a el pozo y el pozo

---

[1]) Von dem Verfasser dieses Wörterbuchs, einem Missionär, existirt auch eine im Auftrag der amerikanischen Bibelgesellschaft verfasste Uebersetzung der Bibel in Ladino (in Raschischrift), die zuerst in Wien im Jahre 1813, dann in zweiter Auflage 1853 erschien. Diese Uebersetzung, die mir früher wohl zu Gebote stand, aber jetzt nicht zugänglich ist, stimmt im Ganzen mit der oben erwähnten Wiener Bibelübersetzung überein, von der sie sich zumeist durch neuere Wörter und Wortformen unterscheidet. In dem in zweiter Auflage 1860 erschienenen Buche „The Bible of every Land" (p. 208) wird die Uebersetzung des Dekalogs als Specimen mitgetheilt.

[2]) In den mit hebräischen Lettern gedruckten Büchern wird das anlautende H gewöhnlich weggelassen. In der vorliegenden Uebersetzung kommt dieses übrigens seltener vor, das obige „Ermanos" ist als Ausnahme zu betrachten.

[3]) Tunga, das in den spanischen Wörterbüchern fehlt, das aber auch mehrere andere Uebersetzer haben, ist wahrscheinlich dasselbe wie Tunica, womit die ferrarensische Bibel sowie de Oliveyra כתנת übersetzen. Beide übersetzen סדים mit sedas, was der Erklärung Raschi's entspricht. Die Uebrigen haben listas.

[4]) Echaron a el. In diesen Uebersetzungen wird á — hier wegen אתו — oft gebraucht, wo es im Spanischen nicht stehen würde. So entspricht auch der Plural aguas dem hebräischen Plural מים. Diese wörtlichen oder buchstäblichen Uebersetzungen sind zuweilen der Art, dass sie ohne den hebräischen Text ganz unverständlich wären.

vazio non en el aguas.¹) 25. Y asentaron por comer pan y alzaron sus ojos y vieron y hec (היק)²) caravana de moros³) vinien⁴) de גלעד y sus gamellos (גאמיליוש) cargados de cera y triaca y almastiga⁵) andantes por descender a מצרים. 26. Y dixo יהודה a sus hermanos: Que provecho que matemos a nuestro hermano y cubramos a su sangre. 27. Andad y vendamoslo a los Moros y nuestra mano non sea en el, que nuestro hermano nuestro carne el y oyeron sus hermanos. 28. Y passaron varones מדינים mercaderes y sontrayeron⁶) y alzaron a יוסף de el pozo y vendieron a יוסף a los Moros por veinte pesos de plata y truxeron a יוסף a מצרים. 29. Y torno ראובן a el pozo y hec non יוסף en el pozo y rompio sus paños. 30. Y tornose a sus hermanos y dixo: El niño non el y yo ado yo vinien. 31. Y tomaron a tunga de יוסף y degollaron cabrito de cabras y inteñieron a la tunga en la sangre. 32. Y acuchillaron⁷)

---

¹) Non en el aguas. Ebenso wörtlich übersetzt die Wiener Uebersetzung. Das altspanische „non" wird in diesen Büchern für „no" gebraucht.

²) Hec (היק) ist in den mit hebräischen Buchstaben gedruckten Büchern die gewöhnliche Form für „he", das die ferrarensische Bibel hat. „He" steht nach Diez s. v. für lateinisch ecce, dem also „hec" — vielleicht eine ältere Form — näher stände.

³) Statt dieses Ausdruckes hat die ferrarensische Bibel recua des Ismaelitas.

⁴) Das Particip praes., das im Spanischen ungebräuchlich ist, kommt in diesen Büchern sehr oft vor, gewöhnlich als genaue Uebersetzung des hebräischen Wortes.

⁵) צרי übersetzt de Oliveyra mit Triaca, ebenso die Wiener Uebersetzung, חשק שלמה mit Altriaca, also mit dem arabischen Artikel. (Das spanische Triaca stammt zunächst von Atirjak, der arabischen Form des griechischen Theriak; die Form Atriaca findet sich bei Cooarrubias). Auch Saadias und Arabs Erpen. übersetzen צרי mit Theriak, לט übersetzt de Oliveyra mit Bellotas. חשק שלמה mit Arbellotas, der arabische Artikel dissimilirend in ar verwandelt. Saadias, Arabs Erpen. und Abúlwalid übersetzen לט mit Königseichel, Schâbalût (شابلوط). Arbellotas in חשק שלמה ist der Plural von Albellota, das aber in keinem spanischen Wörterbuche vorkommt, dafür aber Bellota, Eichel. Da dieses Wort wahrscheinlich aus dem Arabischen stammt (Ballut), so hat sich bei der — vielleicht älteren — Form Albellota der arabische Artikel erhalten.

⁶) Sontraer, das in den spanischen Wörterbüchern fehlt, ist die gewöhnliche Uebersetzung von משך ziehen.

⁷) Acuchillaron ist in allen Uebersetzungen die Uebersetzung von וישלחו. Acuchillar ist ein altspanisches Wort, in der Bedeutung „ein Kleid mit einem Messer (Cuchillo) durchlöchern". Die Uebersetzung entspricht der von Kimchi (WB. und יוצי מכלל), Nachmanides und Ob. Seforne gegebenen Erklärung.

a tunga de los pedazos y truxeron a su padre y dixeron: Esta hallemos, conoce agora si tunga de tu hijo ella si non. 33. Y conociola y dixo: Tunga de mi hijo, bestia mala lo comio, arrebatar fue arrebatado יוסף. 34. Y rompio יעקב sus paños y puso sacco in sus lomos, y alemuñose[1]) sobre su hijo dias muchas. 35. Y alevantaron todos sus hijos y todas sus hijas por conortarlo[2]) y non quiso por conortarse y dixo: Que descendere por mi hijo lemuñoso a fuesa y lloro (ליורן) a el su padre. 36. Y los מדנים vendieron a el a מצרים a פוטיפר sinclabo[3]) de פרעה, mayoral de los degolladores.

Mit dieser Uebersetzung vom Jahre 1547 hat die Wiener Uebersetzung sehr viel Aehnlichkeit, so dass es nicht bezweifelt werden kann, dass bei der letzteren die erste (vielleicht auch eine dazwischen liegende) benutzt wurde. Auch die ferrarensische Uebersetzung stimmt in Vielem mit der ersten überein. Am Meisten entfernt sich von derselben (und von allen Uebersetzungen) die Ausgabe Constantinopel 1873, namentlich was die sich eng anschliessende wörtliche Uebersetzung betrifft.

Zur Vergleichung mit dem Obigen gebe ich im Folgenden dieselbe Stelle Gen. 37, 23—36 aus der Ausgabe vom Jahre 1873.

Vs. 23. Y fue, que como יוסף vino a sus hermanos (אירמאנוס) desnudaron a יוסף de su tunga, la tunga de lista que tenia sobre se. 24. Y lo tomaron y lo echaron en el pozo, ma el pozo estaba vacio, no habia en el agua. 25. Y se asentaron a comer pan; y alçaron sus ojos, y miraron, y ek (איק) una caravana de ישמעאליסטאס venia de גלעד, y sus camellos cargados de especias, y triaca, y almaciga,[4])

---

[1]) Alemuñose als Uebersetzung von ויתאבל und lemuñoso als die von אָבֵל findet sich auch in der Wiener Uebersetzung, wie auch die ferrarensische Bibel das אָבֵל Gen. 50, 10. 11 mit lemuño übersetzt. In den spanischen Wörterbüchern findet sich das Wort nicht.

[2]) Conortar, richtiger conhortar, ist altspanisch für confortar.

[3]) Sinclabo — סינקלאבו — als Uebersetzung von סריס findet sich auch in der Wiener Uebersetzung. Es ist das vielleicht, mit eingeschobenem n, das arabische Siklab (صقلب). Slave, welches — ebenso wie Sklave, esclavo, schiavo — zuweilen für Sklave, auch für Eunuch gebraucht wird (cf. Gayangos, Mohamm. dynasties in Spain I, 387, Reinaud, Invasion des Sarrazins en France, p. 237). Die übrigen Uebersetzungen haben eunuco, enuco.

[4]) Die ferrarensische Bibel übersetzt: Especias y goma y almaciga.

y iban a llevarlo (ויבארלו)[1] a איישטו.[2]) 26. Y dixo יהודה a sus hermanos: ¿ que provecho que matemos a nuestro hermano, y cubramos sa sangre?[3]) 27. Venid y lo vendamos a los ישמעאליטאם, y no sea nuestra mano sobre el; porque nuestro hermano y nuestra carne es, y se contentaron sus hermanos. 28. Y passaron varones Midianitas, mercaderes; y sontruxeron y alzaron a יוסף del pozo, y vendieron a יוסף a los ישמעאליטאם por veinte pesos[4]) de plata, y truxeron a יוסף a איישטו. 29. Y torno ראובן al pozo, y ek, יוסף no estaba en el pozo, y rasgo sus vestidos. 30. Y torno a sus hermanos y dixo: El niño no se topa, y yo ¿ onde ire yo? 31. Y tomaron la tunga de יוסף, y degollaron un cabrito de las cabras, y inteñieron la tunga en la sangre. 32. Y enviaron[5]) la tunga de listas, y la truxeron a su padre y dixeron: Esta topemos, conoce agora[6]) si es la tunga de tu hijo, o no. Y lo conocio y dixo: La tunga de mi hijo es; una animalia[7]) mala se lo comio, por cierto

---

[1]) Das spanische ll — sowohl anlautend wie inmitten des Wortes — wird in den mit hebräischen Buchstaben gedruckten Schriften zuweilen mit doppeltem Jod wiedergegeben. Aber auch in der spanischen Sprache wird oft ll wie y ausgesprochen. In dem von der Madrider Akademie herausgegebenen Fuero juzgo en latin y castillano (1815) heisst es im Glossar (p. 214), dass ll oft wie y ausgesprochen wird, so yamar statt llamar, yeno statt lleno, toyer statt toller. Ebenso bemerkt J. F. v. Tschudi in seinen Reiseskizzen aus Peru (I, p. 175), dass die Eingeborenen von Lima ll oft wie y aussprechen — poyo statt pollo, gayina statt gallina — und dass auch Fremde oft in diesen Fehler verfallen. Auch G. Borrow (The Zincali or an account of the Gypsies in Spain II, p. 145) erwähnt, dass in der spanischen Volkssprache y statt ll, und umgekehrt ll statt y gebraucht wird.

[2]) איישטו, Ajifto ausgesprochen, ist in diesen hebräisch gedruckten Uebersetzungen das gewöhnliche Wort statt Egypto.

[3]) In dieser Uebersetzung sind auch die verschiedenen Interpunktionen : . , ; ? ! — die beiden letzteren nach spanischer Weise zu Anfang und Ende des Satzes — beigedruckt, was in den übrigen Uebersetzungen nicht der Fall ist.

[4]) Das Wort pesos ist hier, weil im hebräischen Text nicht vorkommend, mit kleinerer Schrift gedruckt.

[5]) Diese Uebersetzung ist also von den oben angeführten verschieden, sie hat aber das gegen sich, dass statt der Piel- die Kalform stehen müsste, wie auch das folgende ויביאו nicht passt.

[6]) Agora, das — statt ahora — mehr der älteren Sprache angehört und das im Portugiesischen das gewöhnliche Wort für „nun, jetzt" ist, wird in all den jüdischen Schriften statt ahora gebraucht.

[7]) Das Wort חיה wird von de Oliveyra und anderen Uebersetzern mit Animalia — dem altspanischen Worte für animal — wiedergegeben. Die mit hebräischen Buchstaben gedruckten Uebersetzungen gebrauchen dafür das Wort

יוכף esta arrebatado. 34. Y יעקב rasgo sus vestidos, y puso sacco sobre sus lombos, y se alemuño por su hijo muchas dias. 35. Y se levantaron todos sus hijos y todas sus hijas para conortarlo, ma no quiso ser conortado, y dixo: Porque descendere lemuñoso por mi hijo a la fuesa, y lo lloro su padre. 36. Y los Midianitos lo vendieron in אייטטו a פוטיפר, eunuco (איאונוקו) de פרעה mayoral de los degolladores.[1]

Aus der ferrarensischen Uebersetzung
Gen. 41, 39—52.

Vs. 39. Y dixo Parho a Joseph pues que hizo saber el Dio[2]) ati a todo esto no entendido y sabio como tu. 40. Tu seras sobre mi casa, y por tu dicho se governara todo mi pueblo, salvo la silla engradescere mas que ti. 41. Y dixo Parho a Yoseph: Vee die ati sobre toda tierra de Egypto. 42. Y tiro Parho a su sortija de sobre su mano y dio a ella sobre mano de Yoseph, y hizo vestir a el paños de lino, y puso collar del oro[3]) sobre su cerviz. 43. Y hizo cavalgar a el en quatregua la segunda que a el, y apregonaron[4]) delante del: arrodillar, y dio a el sobre toda tierra de Egypto. 44. Y dixo Parho a Yoseph: Yo Parho y afueras de ti no alzará varon a su mano y a su pie en toda tierra de Egypto. Y llamo Parho nombre de Yoseph lo encubierto descubrien, y dio a el a Asnath hija de Potiphera mayoral[5]) de On por muger, y salio Yoseph

---

alimania, das auch die Wiener Uebersetzung hier (und an anderen Stellen) hat, wie auch in Schauffler's Wörterbuch חיה mit alimania erklärt wird. Die ferrarensische Bibel hat animalia.

[1]) In einer Fussnote wird als andere Uebersetzung „Capitan de los de la guardia" angeführt.

[2]) Dio (דייו) und el Dio, das italienische Wort für Gott, ist in all diesen Schriften — mit wenigen Ausnahmen — statt des spanischen Dios gebräuchlich.

[3]) Collar del oro, das alle Uebersetzer haben - statt de oro — entspricht dem רביד הזהב des Textes, ebenso Gen. 44,2 vaso de la plata, im Text גביע הכסף.

[4]) Salvá, Grammatica de la lengua castellana (2. Ed. p. 345) führt mehrere Wörter an, die im Altspanischen ein anlautendes A hatten, das der neueren Sprache fehlt. Viele derartigen Wörter kommen im Jüdisch-spanischen vor; zu diesen gehört nun auch apregonar, womit gewöhnlich קרא, im Sinne von Ausrufen, übersetzt wird, z. B. Joel. 1,14; 4,9 Jonah 3,2. 4. 5. 7.

[5]) Das Wort כהן (als Bezeichnung eines heidnischen Priesters) wird hier und Ex. 2,16; 3,6; 17,1; 19,6 von allen Uebersetzern mit mayoral übersetzt, das כהן Gen. 14,18 von Einigen mit servien a Dio alto, das בהנים Gen. 47,22 fg. wird in der Ausgabe Constantinopel 1547 mit monagos (daneben neugriechisch קאלוגירוי — καλόγεροι), und ebenso in חשק שלמה und in der

sobre tierra de Egypto. 46. Y Yoseph de edad de trenta años en su estar delante Parho rey de Egypto, y salio Yoseph de delante Parho y passo por toda tierra de Egypto. 47. Y fizo la tierra en siete años de la hartura a puños. 48. Y apaño a toda civera de siete años que fueron en tierra de Egypto, y dio civera en las ciudades civera de campo de la ciudad que a sus deredores dio entre ella. 49. Y amontono Yoseph civera como arena de la mar mucho mucho fasta que se vedo de contar que no cuenta. 50. Y a Yoseph fue nascido dos hijos en antes que viniesse año de la fambre que pario a el Asnath hija de Potiphera mayoral de On. 51. Y llamo Yoseph al nombre del primogenito Menasseh, que me hizo olvidar el Dio todo mi lazerio y a toda casa de mi padre. 52. Y a nombre del segundo llamo Ephraim, que me fizo [1]) fruchiguar el Dio en tierra de mi aflicion.

Diese Uebersetzung stimmt im Allgemeinen mit der von 1547 überein. Letztere hat nur folgende Wörter, wofür hier andere stehen:

Vs. 39, Enpues de hazer saber. 40, de cierto statt salvo, מצרים statt Egypto. 47, a silleros statt a puños. Dieselben Wörter hat auch die Wiener Uebersetzung.

Die Formen nomre (statt nombre), hamre, memrar, alamre kommen nur in der Uebersetzung von 1547 vor.

Aus der Biblia en dos colunas.
2 Sam. 1, 19—27.

Vs. 19. O hermosura [2]) de Israél, sobre tus alturas [3]) matado! Como cayeron barraganos! 20. No denuncieys en Gat, no albri-

---

Wiener Uebersetzung, in der Marginalübersetzung (oben Nr. 3) mit monacos und bei de Oliveyra mit frailes übersetzt.

[1]) Von den Wörtern, die in der jetzigen spanischen Sprache mit H, in der früheren mit F anlauten (welche Wörter auch dem Lateinischen näher stehen), gebraucht die ferraresische Bibel abwechselnd bald die eine bald die andere Form. So heisst es Vs. 52 und 47 fizo, dagegen Vs. 39, 42, 43, 51 hizo. Ebenso heisst es Vs. 49 fasta und Vs. 50 fambre, wofür es an anderen Stellen husta und hambre heisst. Andere Wörter dieser Art sind: Hallar, hartar, harina, herir, hermoso, holgar, huir und andere. Die Ausgabe v. J. 1547 hat durchaus die mit H, שלמה חישק durchaus die mit F anlautenden Wörter, bei den übrigen sind die mit H die gewöhnlichen.

[2]) Von dem Worte צבי werden im חישק שלמה drei Uebersetzungen gegeben: Hermosura-Voluntad-Corso ('Corço, nach jetziger Schreibweise Corzo). Die beiden ersten finden sich bei Kimchi (s. v. צבה) והרצון החפץ ופאר הדר ל׳. Corço ist abwechselnd die Uebersetzung von צבי und איל, wie corça die von צביה und אילה.

[3]) Statt alturas hat die Marginalübersetzung wie auch Schauffler, altares,

cieys[1]) en calles de Askelon, por que no se alegren hijas de I'elisteos, por que no se agraden hijas de los incircuncisos. 21. Montes de Guilboa, no rocio y no lluvia sobre vós, ni campos de apartaduras: por que alli fue desechado escudo de valientes, escudo de Saul no untado con olio? [2]) 22. De sangre de matados, de sevo de esforçados, arco de Jeonathan no se tirava atras: y espada de Saul no se tornava en vazio. 23. Saul y Jeonathan los amables y los hermosos en sus vidas y en su muerte no fueron apartados: mas que aguilas se aligeraron, mas que leones se mayorgaron. 24. Hijas de Israel por Saul llorad: el que os hazia vestir carmesi con deleytes, el hazien subir ornamento de oro sobre vuestro vestido. 25. Como cayeron barraganes entre la peléa. Jeonathan sobre tus alturas matado. 26. Angustia à mi por ti hermano mio Jeonathan, adulçaste a mi mucho: fue maruvilloso tu amor à mi, mas que amor de mugeres. 27. Como cayeron valientes y perdieronse armas de peléa!

---

und ebenso übersetzt die Wiener Pentateuchübersetzung das בָּמֳתֵי Deut. 32,13; 33,29. Das Wort kommt aber in dieser Bedeutung nirgends vor. Die ferrarensische Bibel übersetzt zwar das בָּמֳתֵי Num. 33,52 und Kön. 14.23 ebenfalls mit altares, allein hier sind Opferstätten gemeint, auf welche allerdings diese Uebersetzung passt.

[1]) Albriciar ist eines derjenigen Wörter, die durch das Arabische mit dem hebräischen Worte verwandt sind. Das spanische Albricia, portugiesisch alviçara — gewöhnlich im Plural gebraucht - bedeutet frohe Botschaft, dann auch die Belohnung für eine solche. Ersteres Wort wird von Covarrubias (Tesoro de la lengua castellana), letzteres von Sousa (Vestigios da lingua arabica em Portugal) für das arabische בִּשָּׂרָה — بشارة — erklärt, das ebenfalls beide Bedeutungen hat. Dem arabischen Worte entspricht das hebräische בְּשׂרָה — in den jüdischen Uebersetzungen Albricia, in der christlich-spanischen Albricias, in der portugiesischen Alviçaras — welches Wort 2 Sam. 4,10 das Geschenk für eine Botschaft bezeichnet. Das Zeitwort albriciar, hier und an andren Stellen die Uebersetzung von בִּשַּׂר entspricht dem arabischen בשׂר — بسّر. — In diesen Wörtern gehört auch Carmesi Vs. 24, das mit כַּרְמִיל (Gesen. Thes. s. v.) und mit כַּרְמֶל Schirhaschirim 7,6 — nach Abûlwalîd p. 338 — lautlich und sachlich übereinstimmt. Andre derartige Wörter habe ich in meinen Beiträgen zur semitischen Sagenkunde (p. 245) angeführt.

[2]) Das Fragezeichen am Schlusse des letzten Satzes soll ohne Zweifel bedeuten: War der Schild etwa nicht mit Oel bestrichen? Aehnlich im חֵשֶׁק שְׁלֹמֹה: como sin untado. Es entspricht das der Erklärung Kimchi's (s. v. משׁח) כאלו לא נמשח בשמן. Auch die Vulgata übersetzt: Quasi non esset unctus oleo, Luther: als wäre er nicht gesalbet mit Oel.

Diese Uebersetzung stimmt durchaus mit der Ferrarensischen überein, mit Ausnahme einiger kleinen Abweichungen, wozu auch gehört, dass die letztere bei einzelnen Wörtern die ältere Form hat, so facien, albriciedes.

Aus der Wiener Bibelübersetzung.
Psalm 104.

1. Bendize mi alma a A.[1]), A. mi Dio te engrandecistes, muncho[2]) loor y hermosura vestistes. 2. Envolvien[3]) luz como la sabana, tendien cielos como la tela. 3. El envigan[4]) en las aguas sus camaras, el ponien nubes su cavalgadura, el andan sobre alas de viento. 4. Hazien sus mensageros vientos, sus servientes fuego suflamagian.[5]) 5. Acimento[6]) tierra sobre sus assientos que non so resfuyga siempre (סיינפרי) y siempre. 6. Abismo como vestido lo cubrio, sobre montes se sustienen aguas. 7. De tu estolto[7]) fuyen, de voz de tu trueno son apressurados. 8. Suben montes, descienden vegas a lugar este que acimentaste a ellos. 9. Termino pusiste que non pasen, que non tornen por cubrir la tierra. 10. El soltan fuentes en los arroyos entre montes se andan. 11. Abevran[8]) todos animales de campo (קאנפו), quebran zebros su sed. 12. Sobre ellos ave de los cielos posa, de entre fojas dan voz. 13. Abevran montes de

---

1) ה́ ist hier wie gewöhnlich gebraucht. Die Uebersetzungen mit lateinischen Buchstaben haben dafür A., das ich denn auch gewählt habe.

2) Muncho für mucho kommt in den mit hebräischen Buchstaben gedruckten Büchern sehr oft vor.

3) In der Marginalübersetzung heisst es embolviente, ebenso tendiente, envigante, enflameante u. s. w. während bei allen Uebrigen das Partic. praes. die Endung an, en hat.

4) Die ferrarensische Bibel hat avigan, die en dos colunas vigan—alle diese Wörter fehlen in den spanischen Wörterbüchern.

5) Suflamagian hat auch חשק שלמה, dessen Erklärungen einzelner Wörter mit den hier gegebenen Uebersetzungen durchaus übereinstimmen. Die Ferrarensische Bibel hat enflameante, aber auch die Wiener Uebersetzung übersetzt an einer anderen Stelle (Ps. 57,5) להטים mit enflameantes.

6) Die spanischen WBB. haben nur die Form acimentarse = establecerse.

7) Das ויגער בו Gen. 87,10 übersetzt de Oliveyra mit estulto, wie auch das Hauptwort געדה öfter mit estulto übersetzt wird. In den spanischen WBB. fehlt das Wort. Hier hat die Ferrarensische Bibel reprehension.

8) Tränken wird auch in Schaufflers Glossar mit abevrar, bei de Oliveyra mit abrevar übersetzt, wie auch die ferrarensische Bibel hier ישקו mit abreveran übersetzen.

sus camaras, de fruto de tus hechas se harta la tierra. 14. Hermollescien yerva ala quatropea¹) y yerva a servimiento de el hombre, por sacar pan de la tierra. 15. Y vino haze alegrar coraçon de varon por hazer relucir faces mas que azeyte y pan acoraçon de varon asufre.²) 16. Hartarsean arboles de A., Alarzes (אלארזים)³) de לבנון que planto. 17. Que alli pajaros anidan, cigueña boxes su casa. 18. Montes los altos a los cabriolas, peñas abrigo a los conejos. 19. Hizo luna por contar plazos, sol supo su postura. 20. Pones oscuridad y es noche, en el remove toda alimania de xara.⁴) 21. Los cadillos maullan⁵) por arrebatadura. 22. Esclareces el sol se apañan y a sus moradas yazen. 23. Sale hombre a su obra y a su servimiento hasta tarde. 24. Quanto se muchiguaron tus hechas A., todas ellas con cencia hiziste, se hincho la tierra con tus crianzas. 25. Esta la mar grande y ancha de lugares, alli removea y non quenta alimanias pequeños con grandes. 26. Alli navios se andan, לויתן este que criaste por burlar con el.⁶) 27. Todos ellos a ti esperan, por dar sus comidas en su hora. 28. Das a ellos que cogan, abris tu mano se hartan (ארטאן) de bien. 29. Encubres tus fazes se aturban,⁷) apañas su espiritu se transen y a su polvo tornan. 30. Envias tu espiritu son criados, y renovas fazes de tierra. 31. Sia honra

---

¹) Für das altspanische quatropea führt Sanchez in seinem Glosar s. v. als Beleg die ferrarensische Uebersetzung zu Gen. Cap. 6. 7. 8. an.

²) Mit asufrir erklärt de Oliveyra תמך, כמך, wie denn asufrir die gewöhnliche Uebersetzung dieser Wörter ist. In den spanischen WBB. findet sich nur sufrir.

³) Alarze ist die gewöhnliche Uebersetzung von ארז Ceder; alerce, das das Diccionario der Akademie mit larix wiedergibt, wird in Pedro de Alcala's Vocabulista aravigo mit dem arabischen „erza, erç" = Ceder wiedergegeben. Auch Covarrubias sagt, dass alerze von Einigen mit Ceder erklärt werde.

⁴) Xara ist, wie es scheint, nur in den mit hebräischen Buchstaben gedruckten Büchern die Uebersetzung von יער, während die anderen bosque haben. So heisst es bei de Oliveyra Bosque, bei Schauffler Xara (ישארה) als Uebersetzung von יער. Nach dem Diccionario der Akademie ist Xara ein bestimmter Baum, Cistus. Nach Diez s. v. Xara bezeichnet dieses Wort einen Strauch, wilden Rosmarin, desgl. einen Wurfspiess mit dünner Spitze.

⁵) Die ferrarensische Uebersetzung hat bramanten, die Marginalübersetzung bramantes (muyllantes).

⁶) Por burlar con el bezieht sich auf die bekannte hagadische Deutung; diese liegt wohl auch zu Grunde wenn die LXX בו לצחק mit ἐμπαίζειν αὐτῷ, die Vulgata mit ad illudendum ei übersetzen. Die ferrarensische Bibel übersetzt: que formaste para jugar en el.

⁷) Aturbar findet sich nicht in den spanischen WBB. nur turbar.

de A. para siempre, alegrarsea¹) A. con sus hechas. 32. El catan a la tierra y tembla (טינבלה), toca en los montes y ahumean.²) 33. Cautare a A. en mis vidas, salmeare a mi Dio enmientras yo. 34. Asaborarsea sobre el mi oracion, yo me alegrare con A. 35. Atemarseau pecadores de la tierra, y malos mas non ellos. Bendize mi alma a A. alabad a A.

Aus derselben Uebersetzung gebe ich im folgenden Psalm I.

1. Bienaventurado el varon que non anduvo en consejo de malos y en carrera de pecadores non se paro y en asiento de escarnecidores non se asento. 2. Que salvo en ley de A. su veluntad y en su ley melda de dia y de noche. 3. Y sera como arbol plantado cerca pelagos de aguas que su fruto da en su hora y su hoja non se caera y todo lo que haze aprovecha. 4. Non ansi los malos que salvo como tamo que empuxa el viento. 5. Por tanto non se alevanten malos en el juizio y pecadores en compaña de justos. 6. Que sabien A. carrera de justos y carrera de malos deperdera.

In dieser Uebersetzung kommen mehrere Eigenthümlichkeiten vor, die sich auch in den anderen Schriften finden und die eigentlich schon oben hätten erwähnt werden sollen. Dahin gehört: Die Vereinigung der Partikeln mit dem darauf folgenden Worte zu Einem Worte, so z. B. Vs. 1: קינון für que non, אינקונסיזו für en consejo, דיפיקארוריס für de pecadores, Vs. 2 קיסאלבו für que salvo, אינסו für en su u. A. m. Ferner einfache Buchstaben statt der doppelten, wie קארירה für carrera, die Weglassung des h in אורה für hora, n für m in אינבושה für empuxa (jetzige Schreibweise empuja), קונפאנייה für compaña. So finden sich auch bei de Castro die Formen Onbres, tiempos (B. Esp. I, 412), nonbres (p. 421). sienpre (p. 638) und andere.

Zu den in diesen Schriften vorkommenden eigenthümlichen Wörtern und Wortformen gehören:

Vs. 2. Veluntad, das auch bei Sanchez als altspanisches Wort angeführt wird, statt voluntad. Meldar (vielleicht entstellt aus meditar), die gewöhnliche Uebersetzung von הגה, nachdenken, studiren.

---

¹) Alegrarsea (für alegrarseha) entspricht dem heutigen se alegrara und ist die in all diesen Schriften gebräuchliche altspanische Form des Futurum, einer Verbindung des Zeitwortes im Infinitif mit „haben". (cf. ZDMG. XLIV, 460, N. 2. S. 123, Diez, Grammatik der romanischen Sprachen, 4. A., III, 280.)

²) השק שלמה hat afumean, entsprechend dem beständigen Gebrauch von F statt H. Afumean hat auch die Marginalübersetzung, die Ferrareusische fumean, welche Form auch die WBB. haben.

Vs. 3. Pelago statt pielago. Vs. 4. Das altspanische ansi (französisch ainsi) statt asi (in der ferrarensischen Uebersetzung assi).

Zur Vergleichung möge hier die Uebersetzung des ersten Psalmes folgen, wie sie sich in einer Bibelübersetzung findet, die Alfons X. (im 13. Jahrhundert) verfassen liess. (Bei De Castro, Bibl. Española I, p. 422).

Bien aventurado es el varon que non anduvo en el consejo de los malos sin ley nin estuvo en la carrera de los pecadores ni en la sylla de nusimiento se asento. Mas fue la voluntad del[1]) en la ley del señor y en la ley del mesura[2]) dia y noche. E sera como el arbol que es plantado çerca do[3]) corren las aguas y que dara su fruto en su tpo y la foja del non cacra y todas las cosas que fara se daran a bien. Non asy los malos syn ley non asy como este mas asy como el polvo a quien echa el viento ante la fas de la tierra por ende[4]) se non levantan los malos syn ley en el juysio. Porque conoce el señor la carrera de los justos y la carrera de los malos syn ley perescera.

Die folgenden Uebersetzungen einzelner Psalmen sind liturgischen Büchern entnommen.

Ps. 92. Aus: מחזור, Orden de Roshasanah y Kipur, Trasladado en Español y de nuevo emendado: Y añadido el Selihot, el qual se dize quarenta dias antes del dia de Kipur en las madrugadas .... am Schlusse heisst es: Estampado y acabado à loor del Dio en Maguntia à 16. de Yiar, de 5344. (Kayserling p. 61.) Nur Uebersetzung in lateinischen Lettern, ohne Text.

1. Psalmo de cantico para el dia de Sabath. 2. Bueno para loar à A. y para psalmear à tu nombre alto. 3. Para denunciar a la mañana tu merced: y tu fee en las noches. 4. Sobre decacordio y sobre gayta: sobre tañer en harpa. 5. Que me alegraste A. con tu obra: en fecha[5]) de tus manos cantaré. 6. Quanto se

---

[1]) del für de el.
[2]) Mesurar ist altspanisch = meditar.
[3]) do altspanisch = donde.
[4]) por ende altspanisch = por tanto.
[5]) Fecha für hecha und ebenso Vs. 8 fasta statt hasta; es ist eine Eigenthümlichkeit dieser Uebersetzung, dass durchaus das altspanische anlautende F statt H beibehalten wird. Uebrigens ist auch Hecha (womit de Oliveyra מעשה übersetzt) altspanisch insofern als es in der Bedeutung des jetzigen Hecho gebraucht wird.

engrandecieron tus obras A. mucho se afondaron tus pensamientos. 7. Varon ignorante non sabe y loco no entiende à esto. 8. Enflorecer malos como yerva: y hermollecen todos obrantes tortura para seren destruidos fasta siempre. 9. Y tu alto para siempre A. 10. Que he tus enemigos A. que he tus enemigos se deperderan y dividerse han todos obrantes tortura. 11. Y enxalçarse ha como unicornio mi cuerno: emboluime en olio renerdido. 12. Cato¹) mi ojo en mis enemigos en levantantes sobre mi: enmalecedores oyran mis orejas. 13. Justo como atamaral²) florescera como alerze en el Lebanon crescera. 14. Plantados en casa de A. en cortes de nuestro Dio floresceran. 15. Aun fruchiguaran en caneza: viciosos y reverdidos seran. 16. Para denunciar que derechero A. mi fortaleza: y no tortura³) en el.

Diese Uebersetzung stimmt fast ganz mit der Ferrarensischen überein, die Abweichungen sind, dass letztere Vs. 4 Higgajon statt tañer hat, ferner — Vs. 5. 10 — por que statt que und Vs. 11 statt Unicornio Rhinoceros (im Spanischen ist Rinoceronte gebräuchlich).

Die folgende Uebersetzung des 91. Psalmes ist entnommen dem מחזור de las oraciones del año. Parte tercera, contiene todas las Thephilot de las Pasquas, con un amostrator circular del Homer (עומר), una excelente Paraphrasis en las perakim, y todes los 613 Preceptos por admirable disposition. Dirigido al Amplissimo y Ma-

---

¹) Das altspanische catar, sehen, schauen kommt in den jüdisch-spanischen Büchern sehr häufig vor, als Uebersetzung von שור, השקיף, השגיח, הביט. Im חשק שלמה (zu Ps. 33, 18) und in der Wiener Uebersetzung wird, der Infinitif Catar, Plural Catares gebraucht, wenn von Gott die Rede ist statt Auge, Augen (עין ה׳, עיני ה׳), so z. B. Gen. 6, 8; 36, 7. 10; Deut. 6, 18; Ps. 33, 18, 34, 16 und oft, wie ähnliche Umschreibungen in den chaldäischen und arabischen Uebersetzungen vorkommen.

²) Atamaral, tamaral ist die gewöhnliche Uebersetzung des Wortes תמר mit lautlichem Anklang an das hebräische Wort. Im Spanischen existirt nur die Form Tamaras (Plural) als Benennung der noch am Baume befindlichen Datteln, vom arabischen Tamr (تمر), Dattel, wovon auch spanisch Tamarindo, Tamarinde, nämlich Tamr hindi (تمر هندي), indische Dattel.

³) Tortura, das im Spanischen nur für Krümmung und dann auch für Tortur gebraucht wird, hat in den jüdischen Schriften — ähnlich wie französisch Tort und altspanisch Tuerto — die Bedeutung „Unrecht, Frevel" und ist so die Uebersetzung von אָוֶן und עָוֶל.

gnifico Senõr Jshak de Pinto. Dispuesto y reformado por el Hacham Menasseh ben Israel. En Amsterdam. Año 5410. En la Estampa de su hijo Semuel ben Israel Sveyro. (Kayserling p. 60, 61).

Das Buch enthält nur Uebersetzungen und zwar in lateinischen Buchstaben.

Fol. 27^b Vs. 1. Estan en encubierto del Alto, en sombra[1]) del Abastado[2]) se aposentara[3]). 2. Diré a A. mi amparo y mi fortaleza[4]): Dio mio assegurarmehe[5]) en el. 3. Por que el te escapará

---

[1]) Statt Sombra haben die übrigen Uebersetzungen (mit Ausnahme der Biblia en dos colunas) Solombra, welches Wort in Sanchez' Glossar als altspanisches Wort für Sombra angeführt wird.

[2]) Abastado ist durchaus die Uebersetzung von שַׁדַּי, das also von די, basta, hergeleitet wird. (Nur die Ausgabe Constantinopel 1873 hat Todopoderoso.) Auch Saadias (und ebenso Arabs Erpen.) übersetzt שדי mit Alkâfi (الكافي), der sich selbst genügende, wie auch die griechischen Uebersetzer das Wort mit ἱκανός wiedergeben, welche Uebersetzung — zugleich mit der talmudischen Erklärung Chagiga 12^a — Rödiger (Ges. thes. s. v. שדר, p. 1367^a) anführt. Auch die neugriechische Uebersetzung im Pentateuch ed. Constantinopel 1547 übersetzt אֲנִי אֵל שַׁדַּי (Gen. 17,1 und an anderen Stellen) mit אֵיגוֹ תֵּיאוֹשׁ אִיקָנוֹשׁ (ἐγώ θεός ἱκανός) wie De' Rossi (Meor Enajim ed. Mant. c. 42, fol. 146) bemerkt. Auch Fr. Luis de Leon, der auch sonst jüdischen Erklärern folgt, übersetzt in seiner Uebersetzung Hiobs שַׁדַּי mehrmals mit Abastado (5,17; 8, 3,5; 22,17, 26; 29,5). Covarruvias s. v. Dios (ed. 1674, f. 216^b) erwähnt ebenfalls die Herleitung des Wortes Saddai vom hebr. dai und erklärt demnach das Wort mit Deus omnipotens sive sibi ipse sufficiens, unter Vergleichung der Stelle Ps. 15(16), 2: Deus meus es tu quia bonorum meorum non eges (nach der Vulgata).

Der von Roediger erwähnten Talmudstelle liegt übrigens ein anderer Gedanke zu Grunde als in den erwähnten Stellen. Andere Stellen werden von Buber in seiner Ausgabe des לקח טוב zu Ex. 6,3 (II fol. 15^b p. 30) angeführt; bemerkenswerth ist die gleichzeitig angeführte Erklärung Raschi's zu Gen. 17,1 אֲנִי אֵל שַׁדַּי הוּא שֶׁיֵּשׁ דַּי בֶּאֱלֹהוּתִי לְכָל בְּרִיָּה, was mehr der Auffassung Saadia's entspricht. Nachmanides z. St. führt mit Bezug auf diese Erklärung die Stelle des Moreh Nebuchim an (ed. Munk I, 284; Text f. 82^b) כלומר שאינו צריך במציאות מה שנמצא .... אבל מציאותו תסיק בעצמה.

[3]) Statt se aposentara hat die ferraresische Uebersetzung, sowie die oben angeführte v. J. 5344, manira. Covarruvias, der das Wort manir von lat. manere herleitet, hat nebst anderen Bedeutungen nach die von Zögern, Sich zurückhalten. Die dem manere entsprechenden Bedeutung von Wohnen, Sich aufhalten findet sich aber weder bei ihm noch in den anderen WBB.

[4]) Statt Fortaleza hat die ferraresische Uebersetzung Encastilladura; die spanischen WBB. haben nur die Formen encastillar, encastillador.

[5]) Assegurarmehe ist die oben erwähnte altspanische Form des Futurum; die ferraresische Uebersetzung hat enfiuzarmee (das h wird oft weggelassen).

del lazo enlazante, de mortandad de quebrantos. 4. Con su ala cubrirà a ti, y debaxo de sus alas te abrigaras: escudo y adarga su verdad. 5. No temeras de pavor de noche, de saeta (que) buele[1]) de dia. 6. De pestilencia que en tiniebla anda: de tajamiento que destruye en las siestas. 7. Caerà de tu lado mil. y millarias de tu derecha: a ti no llegarà. 8. Decierto con tus ojos miraras, y recompensa de malos veras. 9. Que tu A. mi abrigo, alta posiste tu morada. 10. No se aparejarà a ti mal, y llaga no se acercara en tus tiendas. 11. Que sus angeles encomendarà a ti, para guardarti en todas tus carreras. 12. Sobre palmas te llevaran, por que no se llague en piedra tu pie. 13. Sobre leon y bivora pisaras, rehollaras leonzillo y culebro. 14. Que en mi cobdiciò, y escaparlohe, ampararlohe por que conocio mi nombre. 15. Llamarmeha y responderlehe, con el yo en angustia: escaparlohe y honrarlohe. 16. De largura de dias lo hartarè, y amostrarlehe en mi salvacion.

Ich besitze nur diesen einen (dritten) Band des Buches. Das Exemplar hat einen sehr schönen Einband. mit Goldschnitt und sonstigen Goldverzierungen. Auf der inneren Seite ist ein verziertes Emblem mit der Unterschrift: Sub pace copia. Darunter in Cursivschrift der Name des Besitzers: Moses Franco, Esq. Ich erwähne das, weil es mir für die Lebensumstände der in Amsterdam wohnenden Juden charakteristisch zu sein scheint.

Orden de las oraciones cotidianas, por estilo seguido y corriente. con las de Hanucah, Purim, y Ayuno del Solo, Como tambien las tres Pascuas de Pesah Sebuoth y Sucoth, con las Parasioth y Aftarót.

---

[1]) Statt buele hat die ferrarensische Uebersetzung abolare. Statt volar haben alle diese Schriften bolar und ebenso Biuda und Biudez statt Viuda, als Uebersetzung von אלמנה und אלמנות. Auch Covarruvias führt die Formen biuda, bolar an, wie ebenso Bivora (Vs. 13) statt Vibora. Diese Verwechslung von b und v kommt besonders häufig in der spanisch-arabischen Literatur vor. Mit Bezug auf diese in einem Moriscogedichte vorkommende Verwechslung bemerkt Marcus Jos. Müller (Sitzungsberichte der K. bayr. Akademie 1860, p. 247), dass in den meisten spanischen Provinzen v wie b ausgesprochen wird. Auch in einem von mir (ZDMG. XLIII, 28 fg.) mitgetheilten Moriscogedichte steht durchaus b statt v (cf. Diez, Grammatik der romanischen Sprachen 3. A, I, 76).

Nuevamente corregido y à su costa impresso en Amsterdam por David Tartas año 5455 a la criacion. Con privilegio de los Señores Estados por 15 años.

Auf diesen Titel folgt:

Con licencia de los Señores Parnassim de este Kahal Kados, de Talmud Torah. Hascama del Señor Haham Yshac Abuab, Ab-Betdin y Ros Jesibah de este K. K. de T. T.

In dieser Hascamáh wird Bezug genommen auf das hierauf folgende

Privilegio de los Señores Estados de Hollanda y West-Frisia.

In diesem Privilegio wird es Jedem untersagt, dieses Orden de las oracivues Cotidianas während der Zeit von 15 Jahren nachzudrucken. Der Schlusssatz lautet:

Hecho en la Haya debaxo de nuestro gran Sello que le hizimos poner a 22. de Noviembre año 1693. Darunter:

Firmado: A. Heinsius. Por orden de los Estados Simon van Beaumont.

Das Buch enthält nur Uebersetzungen in lateinischen Lettern. Ich gebe daraus die Uebersetzung von Psalm 150 (pag. 42).

1. Load a A. Alabad al Dio en su santidad, alabaldo[1]) en espandedura de su fortaleza. 2. Alabaldo en sus barraganias: alabaldo en muchedumbre de grandeza. 3. Alabaldo con sonido de Sophar, alabaldo con gayta[2]) y harpa. 4. Alabaldo con adufle y bayle, alabaldo con instrumentos y organo. 5. Alabaldo con retiñideras de oido, alabaldo con trompetas de aublacion.[3]) 6. Toda alma alabe a A. Haleluyah.

בית תפלה en libran[4]) y en ladino para que entiende su oracion bien el hombre y no le saldra de el tino, ladinado על יד החכם הנעלה כמהו׳ אברהם אסא נרו נדפס פה קושטאנדינא

---

[1]) Alabaldo — das auch die meisten anderen Uebersetzungen haben — steht für alabadlo. So führt auch Sanchez die Formen daldo und daldes statt dadlo, dadles und tomaldo statt tomadlo an.

[2]) Gayta als Uebersetzung von נבל hat auch die ferrarensische Uebersetzung, während Andere das Wort mit Alaud wiedergeben.

[3]) תרועה wird gewöhnlich mit Aublacion, das dazu gehörige Zeitwort mit aublar übersetzt. Das Wort findet sich in keinem spanischen WB.

[4]) אין ליבראן. Der Ursprung dieses Ausdruckes der „hebräisch" bedeutet ist mir unbekannt.

אֲשֶׁר תַּחַת מֶמְשֶׁלֶת אֲדוֹנֵנוּ הַמֶּלֶךְ שׁוּלְטָן מַחְמוּד יָרוּם הוֹדוֹ · בִּשְׁנַת
יי צְבָאוֹת יָגֵן עָלֵינוּ לְפָ״ק (1739).

Das Buch enthält Text und Uebersetzung, letztere in punctirter Quadratschrift.

Uebersetzung von Psalm 113 und 114 (Fol. 118 fg.).

1. Alabad a A. alabad siervos de A. alabad a nombre de Dio.
2. Sea nombre de A. bendicho[1]) de agora y hasta (אסטה) siempre.
3. De onde esclarece el sol hasta unde se pone[2]) alabado nombre de A.
4. Alto sobre todas gentes A. sobre los cielos su honra (אונרה).
5. Quien como A. nuestro Dio el enalteçen por estar. 6. Abaxan por ver en los cielos y en la tierra. 7. Alevantan de polvo probe[3]) de muladares inalteçe deseoso. 8. Por hazer estar con Xarifes con Xarifes[4]) de su pueblo. 9. Hazien estar mañera[5]) de la casa madre de los hijos alegre alabad a A.

Ps. 114. En salir יִשְׂרָאֵל de Egypto (אַייפְּטוֹ) casa de יַעֲקֹב de pueblo ladinan.[6]) 2. Fue יְהוּדָה a su (אסו) santuario יִשְׂרָאֵל sus

---

[1]) Das altspanische bendicho wird statt des jetzigen bendito in den mit hebräischen Buchstaben gedruckten Büchern gewöhnlich gebraucht (als Uebersetzung von בָּרוּךְ, מְבָרֵךְ), während die übrigen Uebersetzungen bendito haben, wie z. B. auch die ferrarensische. Doch hat diese an einigen Stellen — Num. 22,6. 12; Deut. 28,3; 33,20. 24; Hiob 1,26, Ps. 41,14; 113,2 — ebenfalls bendicho.

[2]) Die ferrarensische Uebersetzung hat hier: Del Oriente del sol fasta el Ponente.

[3]) Probe — פְּרוֹבֵי — steht in den mit hebräischen Buchstaben gedruckten Schriften gewöhnlich statt pobre, wie auch sonst diese Versetzung des R häufig vorkommt. Auch Sanchez führt mehrere derartige Versetzungen an, wie altspanisch Alrote, Bulra, Durmon, Miraclo, Perigrar (welche beide Formen dem ursprünglichen miraculum, periculum näher stehen als die neuere Form) statt des jetzigen Arlote, Burla, Drumon, Milagro, Peligrar (cf. Diez, Gram. d. roman. Sprachen, 3. A., I. 223).

[4]) Xarif, Xarifes (שָׂארִיפִים) hat in den mit hebräischen Buchstaben gedruckten Uebersetzungen die Bedeutung Edler, Fürst, als Uebersetzung von נָדִיב, so z. B. Num. 21,18, Ps. 107,40; 118,9, 146,3 (die übrigen Uebersetzungen haben nobles, principes). Es ist das ohne Zweifel das arabisch-türkische Sherif — شريف — edel, edler Abstammung, auch Bezeichnung der Nachkommen Mohammed's (oder Ali's). Das Diccionario der Akademie bemerkt zu dem spanischen Jerife (früher Xerife), dass bei den Mauren so die Nachkommen Mohammed's genannt werden.

[5]) Mañera (מַאנְיירָה) ist das altspanische Wort für unfruchtbar (esteril). Die übrigen Uebersetzungen haben dasselbe Wort, nur die Marginalübersetzung hat daneben noch „esteril".

[6]) Statt ladinan hat שְׁלֹמֹה חֶשֶׁק ladinador. Die anderen Uebersetzungen haben barbaro.

podestanias. 3. La mar vido y fuyo (פולייו)¹) el ירדן se torno atras.
4. Los montes saltaron como barvezes cuestas como hijos de ovejas.
5. Que a ti (אטי) la mar que huyes (הולייס) el ירדן de que tornas
atras. 6. Los montes de que saltais como barvezes cuestas como
hijos de ovejas. 7. Delantre Señor adolorian²) tierra, delantre Dio
de Jacob. 8. El trastornan la peña pelago de aguas pedregal por
fontana de aguas.

¹) In den mit hebräischen Buchstaben gedruckten Schriften ist das alt-spanische fuir statt huir gebräuchlich. Statt fuir, fuyo findet sich aber zuweilen fullir, fulyo (פולייר, פולייו), so in der Wiener Uebersetzung Gen. 14,10, Ex. 14.10 (als Uebersetzung von נוס, ברח). an manchen Stellen kommen beide Formen nebeneinander vor, wie Gen. 35,1. 7; 39,12. 13. 15. 18. Ebenso findet sich neben oir, oyo die Formen Ollir, Ollo. Es entspricht das der oben angeführten Vertauschung von y mit ll.

²) Adoloriar, adoloriarse — welches Wort in den spanischen Wörterbüchern fehlt — kommt in den mit hebräischen Buchstaben gedruckten Schriften öfter vor, und zwar zunächst in der Bedeutung „Schmerz empfinden", so in den Stellen: כיולדה יחילון Jes. 13,8 = como la que pare se adoloriaron, מהחיל Hiob 15,20 = adoloriado, ebenso עני ובואב Ps. 69,30 = mesquino y adoloriado, גם בשחוק יכאב לב Prov. 14,13 = aun en la risa se adoloria el coraçon, בשרו עליו יכאב Hiob 14,22 = Su carne sobre el se adoloria, כי הוא יכאיב ויחבש Hiob 5,8 = Porque el haze adoloriar y ata, והתחלחל המלכה Esther 4,4 = Y la reina se adolorio. Dann aber auch bedeutet adoloriar „Gebären, Geburtswehen haben", so in den Stellen: יחולל אילות Ps. 29,9 = haze adoloriar ciervos, היל אילות Hiob 39,1 = adoloriar ciervas, לא חלתי non me adolorie, Jes. 23,4, ולאשה מה־תחילין y a la muger que ti adolorias, ibid. 45,10, לא חלה la que non se adolorio, ibid. 45,10, בטרם תחיל ילדה en antes que se adoloriara parió, ibid. 66.7, היוחל ארץ ביום אחד si se adoloria tierra en dia uno, חלה גם ילדה se adolorio tambien parió, ibid. 66,8. An diesen Sätzen entspricht adoloriar den verschiedenen Formen von חול, deren Uebersetzung es ist und welchem חיל ebenfalls der Begriff des Schmerzens zu Grunde liegt, und das oft in Verbindung mit Gebären vorkommt, so namentlich in חיל כיולדה (Jer. 6,24; 22,23; 50,43, Micha 4,9, Ps. 48,7). So erklärt auch Schauffler s. v. חיל die verschiedenen Formen dieses Wortes mit adoloriarse para parir. Diese Formen haben auch die Bedeutung Schaffen, Erschaffen und so übersetzt Schauffler (wie übrigens auch die Bibelübersetzer) das מחולל Deut. 32,18, Prov. 26,10 mit el que cria, el criador, womit auch das obige חולי zu übersetzen war das חשק שלמה in der That mit adolorian o crian übersetzt. Auch Kimchi in seinem Commentar 3. St. (augeführt in Sal. b. Melech's מבלל יפי) übersetzt חולי ארץ — nach Anführung Abûlwalids, dessen Erklärung er adoptirt — mit Criador de tierra.

Andere Formen des Stammes חול bedeuten vor Furcht zittern, beben. In diesem Sinne übersetzt die Ausgabe Constantinopel 1873 das מלפני אדון חולי ארץ mit: A la presencia del Señor tembla ¡o tierra! Diese Uebersetzung entspricht der Erklärung Kimchi's im Wurzelwörterbuche.

Von manchen biblischen Büchern existiren einzelne Ausgaben — Text mit Uebersetzung —, die zu liturgischem Gebrauche dienen sollten. Dahin gehört das Schir haschirim, von welchem ich vier Ausgaben besitze, nämlich:

1) Paraphrasia caldaica. En los cantares de Selomoh, con el Texto, Hebrayco y Ladino, Traduzida en lengua Española. En Amsterdam. En Casa y à Costa de David de Crasto Tartaz. Anno 5424 = 1664. (77 Seiten, 12°.)

Auf der folgenden Seite heisst es:

Aquem leer.

Custumasse em nossas Kehilot em a Pasqua de Pessah[1]) lerem esta Paraphrazes Caldaica sobre os cantos de Selomoh, é por que atè agora afalta da Traduçaó de sua letura os que naó tem noticia da lingua Hebrea, pareceò acertada aympressao, sem alterar o ladino costumado.

E agora a nesta nova ympreçaó se lhe acrecento ō texto Hebrayco, y seguido conforme ó que se costuma dizer neste nosso K. K.

Auf jeden Vers des hebräischen Originals folgt die Uebersetzung desselben sowie die der chaldäischen Paraphrase in lateinischen Buchstaben.

Auf diese Paraphrasis folgt (in fortlaufender Paginirung): מסכת אבות, Perakim los quaies se dizen los Sabathot, que ay entre Pessah y Sebuoth — Text und Uebersetzung, letztere in lateinischen Buchstaben.

2) עם המנחה אחר ימי הפסח לקרות שנוהגים השירים שיר התרגום ועם פתרונו באר היטב. בויניציאה בשנת התל״ג לפ״ק = 1672 (40 Bl. 12°.)

Per Christoforo Ambrosini.

___

[1]) Das spanische Pascua (pasqua) ist die Bezeichnung sowohl des Pesach- als des Osterfestes; das Wort wird aber auch für „Fest" überhaupt gebraucht. In der Ferrarensischen sowie in allen übrigen Uebersetzungen wird nun Pascua in der Bedeutung „Fest" gebraucht — als Uebersetzung von חג, während פסח mit Pesah wiedergegeben, also nicht übersetzt wird. Nur die Pentateuchübersetzung ed. Constantinopel 1517 sowie die Wiener Uebersetzung machen darin eine Ausnahme, insofern sie sowohl חג als auch פסח mit Pascua übersetzen. Ausserdem findet sich das Zeitwort pascuar (das im Spanischen fehlt) im Sinne von „ein Fest feiern" als Uebersetzung des hebräischen חגג.

In dieser Ausgabe folgt auf jeden Vers des Originals der Text der chaldäischen Paraphrase mit Uebersetzung desselben in punctirter Quadratschrift.

3) Paraphrasis caldayca, en los Cantares de Selomoh, con el Texto Hebrayco y Ladino traduzida en lengua Española. Impresso en Amsterdam, en Casa y a costa de Ishak de Cordova. Anno 5484 = 1724. (167 pp., 12º.)

Auf der folgenden Seite heisst es:

Sexta imprension. Advertencias al deboto Lector:

Acostumbran nuestras congregaciones en la Pascua de Pesah, hasta la de Sebuoth, leer los Paraphrasis Caldayca de los Divinos Cantares de Selomoh, como tambien los Perakim que tradujo el docto Moseh Belmonte en lengua Española: y yo lo buelvo à estampar, con la enmienda y curiosidad possible, para lo exercitacion en la Tebah cantar estos Sacros Himnos los Disipulos[1]) de Abraham Chavez Rabi del Quarto Medras de las Escuelas en Amsterdam de Adar Año 5484.

Auch hier folgt (wie in Nr. 1) auf jeden Vers die spanische Uebersetzung und darauf die der Paraphrase in lateinischen Buchstaben, worauf — wiederum wie in Nr. 1 — die Pirke Aboth folgen.

4) שיר השירים שנוהגים לקרות בימי הפסח עם פתרונו בלשון
ספרדי... בויניציאה שנת לקחה מוסר השכל לפ״ק = 1778.

Nella stamperia bragadina. (30 Bl., 12º.)

Hier folgt auf jeden Vers die Uebersetzung der Paraphrase (ohne deren Text) in punctirter Quadratschrift. Vorher geht ein רשות chaldäisch und Ladino. Cf. Kayserling p. 30.

Im Folgenden gebe ich die Uebersetzung des zweiten Capitels von Schir haschirim nach Nr. 1, die übrigens mit Nr. 3 durchaus übereinstimmt, mit Ausnahme unbedeutender Abweichungen, die ich in Klammern beifüge.

---

[1]) Disipulos für dicipulos (das Wort kommt zumeist als Plural vor, so namentlich in den Pirke Aboth), welches in diesen Schriften die gewöhnliche Form statt discipulos ist. In den spanischen Wörterbüchern wird ein altspanisches diciplina statt disciplina angeführt.

Cap. II. 1. Yo lirio¹) de la llanura, Rosa²) de los Valles. 2. Como la Rosa entre los espinos, assi mi compañera entre las hijas (moças). 3. Como mançano en arboles de la xara, assi mi querido entre los hijos (mancebos), en su solombra cobdicié y estuve, y su fruto dulce para mi paladar. 4. Truxome à casa del vino, y su pendon sobre mi amor. 5. Asufridme con Redomas³) esforçadme con mançanas porque enferma de amor yo. 6. Su izquierda debaxo de mi cabeça, y su derecha me abrasava. 7. Aconjuro⁴) à vos hijas de Yerusalaim por siervas ò por corças del campo si despertardes⁵) ò si hizierdes despertar à el amor⁶) hasta que envolunte. 8. Boz⁷) de

---

¹) חבצלת wird von mehreren Interpreten — wie aus Ges. Thes. s. v. zu ersehen — mit Lilie erklärt. חשק שלמה übersetzt das Wort mit Alhabaca — אלהאבאקה — (welches Wort auch weiter unten in der Paraphrase vorkommt). Es ist dieses das arabische Alhabac (الحبق) = Ocymum, Basilicum. Dieselbe Bedeutung hat das spanische albahaca, in einigen Provinzen alhabega. Vielleicht existirte daneben eine Form Alhabaca.

²) Unter שושנה, das gewöhnlich mit Rose übersetzt wird, ist doch wohl die Lilie gemeint, wie auch Abûlwalîd (p. 699, 2. 8) שושן und שושנה mit dem arabischen susân (سوسان) d. h. Lilie erklärt. (Cf. Ges. Thes. p. 1385 und meine jüdisch-deutsche Chrestomathie p. 488 fg.)

³) Zu Redomas — wie auch חשק שלמה, de Oliveyra und Schauffler אשישות übersetzen — fügt die ferrarensische Uebersetzung in Parenthese „de vino" hinzu, was der Erklärung Ibn Ezra's und Kimchi's entspricht, die das Wort als „Krug, Flasche" erklären. Die Uebersetzung Constantinopel 1873 übersetzt אשישות mit „Tortas de uvas" (die beiden letzteren Worte in kleiner Schrift weil nicht im Texte), welche Erklärung auch Schauffler, neben der mit Redomas, gibt; sie entspricht der Erklärung Raschi's. Zu diesem אשישות bemerkt Gesenius im Handwörterbuch: Kuchen, libum, vollständig Hos. 3,1. אשישי ענבים, Rosinenkuchen.

⁴) Aconjurar statt conjurar findet sich auch bei Schauffler und in der Wiener Uebersetzung.

⁵) Diese, der älteren Sprache angehörigen, Formen kommen auch in den anderen Uebersetzungen vor.

⁶) Der Ausdruck את־האהבה übersetzt die Ausgabe v. J. 1873 sowie Schauffler (in seiner Bibelübersetzung und in seinem Wörterbuch) als hiesse es האהובה, die Geliebte. Bei ersterer „a mi amada" (mi als nicht im Texte in kleiner Schrift), bei letzterem „a la amada". Diese Uebersetzung findet sich übrigens auch in der Vulgata (dilectam), sowie bei Luther (meine Freundin).

⁷) Boz wird in all diesen Schriften statt Voz gebraucht, nur die Biblia en dos colunas hat gewöhnlich Voz. Auch Covarrubias hat Boz als Schlagwort während in demselben Artikel auch Voz — das er mit lat. vox vergleicht — vorkommt. Seine Herleitung des Wortes aus dem Griechischen „apo tu boan" (also von βοάω) lässt vermuthen, dass er Boz für das ursprüngliche Wort hält.

mi querido, hé este vinien: saltan sobre los Montes, saltan sobre los Collados. 9. Asemeja (Se parece) mi querido à corço ó à inodio (ynodio)¹) de las ciervos, hé este estàn detras de nuestra pared, catan de las ventanas, asechan²) de las rexas. 10. Respondio mi querido, y dixo á mi, alevanta á ti mi compañera mi hermosa y anda á ti. 11. Que hè el Invierno passó, la lluvia passó anduvo a el. 12. Los hermollos aparecieron en la tierra, ora del cantar llegò,³) y boz de la tortola fue oyda en nuestra tierra. 13. La higera apunto sus higos y las vides de encierne⁴) dieron su olor, levantate á ti mi compañera mi hermosa, y anda á ti. 14. Mi paloma en resquicios de la peña, en encubierta del escalon, hazme ver a tu vista, hazme oyr a tu boz, que tu boz sabrosa, y tu vista hermosa. 15. Travaron⁵) a nos rapozos, rapozos pequeños, dañantes viñas, y nuestras viñas encierne. 16. Mi querido a mi, y yo a el, el apasentan en las Rosas. 17. Mientras que asopla el dia, y huyen las solombras, arodea asemeja a ti mi querido a corço o a inodio de ciervos sobre montes de espartimiento.

Das Folgende ist die Uebersetzung der Paraphrase zu den vier ersten Versen, welche Uebersetzung in allen vier Ausgaben (mit geringen Varianten, die ich in Klammern beifüge) dieselbe ist.

1. Dixo compaña de Israel, en ora que haze posar Señor del mundo su divinidad entre mi, yo exemplada (comparada) ala alhabaca tierna, de guerto⁶) de Heden,⁷) y mis obras hermosas como la Rosa,

¹) Statt inodio — wie auch de Oliveyra עֹפֶר übersetzt — muss es — wie in der Marginalübersetzung — enodio heissen, das im Altspanischen „junger Hirsch" bedeutet.

²) Statt asechan, wie auch de Oliveyra מֵצִיץ übersetzt, muss es acechan heissen.

³) Die ferrarensische Bibel übersetzt עֵת הַזָּמִיר hora del cantico (de las aves); der in Parenthese gegebene Zusatz entspricht der Erklärung Raschi's und Ibn Ezrás, חִשֵׁק שְׁלֹמֹה übersetz זָמִיר rusenor (רוישינור d. h. ruiseñor) o cantar.

⁴) Auch die ferrarensische Bibel hat hier de incierne, dagegen Vs. 15 encierne, was der gewöhnlichen Schreibweise entspricht.

⁵) Statt travaron, womit auch חִשֵׁק שְׁלֹמֹה und de Oliveyra אֶחֱזוּ übersetzen, hat die ferrarensische sowie die Marginalübersetzung travad. Travar, womit gewöhnlich אָחַז übersetzt wird, steht für trabar, das nach dem Diccionario der Akademie in einigen Provinzen im Sinne von Ergreifen gebraucht wird.

⁶) Guerto, guerfano, gueso, guevo stehen in diesen Schriften oft für hueso, huerfano u. s. w. Dieselbe Vertauschung findet sich auch in der spanisch-arabischen Literatur. (Cf. meine Beiträge p. 265.)

⁷) Heden für Eden hat auch die ferrarensische Uebersetzung.

que en llanura de guerto de Heden. 2. Y en ora que yo acostan[1]) de la carrera la adereçnda delante de el, y el alça Divinidad de su Santidad de mi, yo soy exemplada (comparada) à la Roza, que esta mesclada entre los espinos, que estan hincadas sus hojas y partidas, assi yo hincada y partida, de sentencias[2]) malas en el cautiverio (captiverio),[3]) entre comarcas de los pueblos. 3. Assi como es hermoso y alabado el Sidron[4]) entre arboles de la xara (que no hazen fruto). y todo el mundo conoscen à el, assi Señor del mundo es alabado entre los Angeles, en ora que fue descubierto sobre monte de Sinay. en tiempo que dió Ley a su pueblo, en aquella ora, en solombra (sombra) de su divinidad (שְׁיָרָהּ) cobdicie por estar, y palabras de su Ley dulces sobre mi paladar, y precio de sus encomendanças, guardado á (para) mi a el mundo que viene (venidero). 4. Dixo compaña de Israel hizome entrar A. a casa de la Jesibá del Midras (en Academia de Collegio) de Israel por deprender Ley de boca de Moseh escrivano grande, y pendon de sus encomendanças, recebi sobre mi con amor, y dixo todo lo que encomendó A. haré y oyré.

Zur Vergleichung gebe ich im Folgenden die Uebersetzung desselben Capitels aus der Uebersetzung des Schir haschirim von dem spanischen Dichter Fr. Luis de Leon.

El cantar de cantares. Cap. II.

Vs. 1. (Esposa.)[5]) Yo rosa del campo, y azucena de los valles.

2. (Esposo.) Qual la azucena entre las espinas, ansi[6]) mi amiga entre las hijas.

3. (Esposa.) Qual el manzano entre los árboles silvestres, ansi mi amado entre los hijos: en su sombra deseé, sentéme, y su fruto dulce á mi garganta.

---

[1]) Acostar ist altspanisch für abandonar.
[2]) Unter sentencias sind die göttlichen Beschlüsse gemeint, im Texte גזרין.
[3]) Captiverio ist altspanisch für cautiverio.
[4]) Sidron steht für cidro, im Texte אתרוגא.
[5]) Aehnlich dem abwechselnden Esposo und Esposa gibt auch Ibn Ezra bei jedem Verse an, wer der sprechende ist.
[6]) Ansi gehört — wie despertaredes Vs. 7 und noch andere hier vorkommende Ausdrücke — zu den in der älteren Sprache gebräuchlichen Wörtern, die auch in den jüdischen Uebersetzungen vorkommen.

4. Metióme en la cámara del vino, la vandera suya en mi (es) amor.

5. Forzadme con vasos de vino, cercadme de manzanas, que enferma estoy de amor.

6. La izquierda suya debaxo de mi cabeza, y su derecha me abrace.

7. (Esposo.) Conjúroos, hijas de Hierusalem, por las cabras, ó por las ciervas montesas, si despertaredes, y si velar hiciéredes el amor hasta que quiere.

8. (Esposa.) Voz de mi amado (se oye), helo viene atravancando¹) por los montes, saltando por los colladas.

9. Semejante es mi amado a la cabra montes, ó ciervecito. Helo (ya está) tras nuestra pared, acechando por las ventanas, mirando por las resquicios.

10. Hablado ha mi amado, y dixome: Levantate, amiga mia, y galana mia, y vente.

11. Ya ves pasó el invierno, pasó la lluvia, y fuese.

12. Descubre flores la tierra, el tiempo de podar²) es vemido, oida es voz de tórtola en nuestro campo.

13. La higuera brota sus higos, y las viñas de pequeñas uvas dan olor. Por ende levantate, amiga mia, hermoso mia, y vente.

14. Paloma mia, en las quiebras de la piedra, en las vueltas del caracol, descubreme tu vista, hazme oir la tu voz³) dulce, y la tu vista bella.

15. Tomad nos las raposas pequeñas destruidoras de viñas, que la nuestra viña está en flor.

16. El amado mio es mio, y yo soy suya (del que), apascienta entre los lirios.

17. Hasta que sople el dia, y las sombras huyen, tórnate, sei semejante, amado mio, á la cabra ó el corzo sobre los montes de Bather.

---

¹) Atrabancar erklärt das Diccionario der Akademie: Hacer alguna cosa de prisa, y sin reparar en que este bien ó mal hecha.

²) Auch die Uebersetzung Constantinopel 1873 übersetzt: El tiempo de podar llego. Ibn Ezra erwähnt ebenfalls diese Erklärung, bemerkt aber zugleich, dass sie unrichtig sei, da sie zur Schilderung der Frühlingszeit nicht passe (ואיננו עתו). Uebrigens übersetzt auch die Vulgata: Tempus putationis advenit.

³) Dass, wie im italienischen, dem zueignenden Fürwort der Artikel vorgesetzt wird, kommt bei älteren Autoren oft vor.

Jedem Capitel der Uebersetzung geht ein Argumento voran, sowie auf dasselbe eine Exposition folgt, also erläuternde Bemerkungen zu dem Vorhergehenden. In dieser Exposicion erwähnt Luis de Leon dass er bei der Uebersetzung einzelner Wörter — die in der Originalsprache angeführt werden — von der Vulgata abweichend, den jüdischen Gelehrten gefolgt sei.

So heisst es zu Vs. 1: La palabra hebrea es חבצלה, Habazeleth, que segun los mas doctos en aquella lengua, no es qualquiera rosa, sino una certa especie dellas en la color negra, pero muy hermosa, y de gentil olor — was der Erklärung Ibn Ezra's entspricht. Ferner: Lo que traducimos azucena, ó lirio, en el hebreo es שושנה, sosanah, que quiere decir, flor de seis hojas. Auch Ibn Ezra und Kimchi bemerken, dass diese Blume sechs Blätter habe.

Von der obigen Uebersetzung etwas abweichend heisst es zu Vs. 5: Esforzadme con vasos de vidrio. Ansi declaran la palabra hebreo אשישות Asisoth los doctos en aquella lengua, aunque el texto vulgar (die Vulgata) traslada flores. Ibn Ezra erklärt in der That בלי זבובית מלאות יין mit אשישות.

Das אהבה in Vs. 7 übersetzt Luis de Leon allerdings mit amor, allein im Argumento und in der Exposicion erklärt er das Wort als „Geliebte". Er nimmt nämlich an, dass nach dem Vs. 5 geschilderten Schwächezustand die Geliebte in den Armen des Geliebten eingeschlummert sei, und dass er ihre Gefährtinnen, die Jägerinnen sind, ermahnt sie nicht zu wecken.

Den letzten Satz von Vs. 9 übersetzt Luis de Leon in der Exposicion: mostrandose por las rejas, und bemerkt hierzu: La palabra hebrea es מציץ, metzitz, que viene de ציץ, tzitz, que es propriamente el mostrarse la flor quando brota, ó de otro manera se descubre. Dieselbe Zusammenstellung findet sich auch in Kimchi's Wörterbuch.

Zu Vs. 12 wird bemerkt: Todas son condiciones de la primavera; el tiempo de cantar es venido: Lo qual es verdad, ansi en los hombres, como en las aves, que con el nuevo año, y con el avecinarse el sol á nosotros, se le renueva la sangre, y el humor que toca al corazon con una nueva alegria, que le aviva, y despierta, y hace que cantando, dé muestras de su placer.

Den Anfang des vierten Capitels übersetzt Luis de Leon: ¡ Ay que hermosa tu eres, amiga mia, ay que hermosa! tus ojos de paloma entre tus cabellos. Zu den drei letzten Worten wird bemerkt: La voz hebrea es צמתך, tzamathec, que quiere decir, cabellos, ó cabellera, y propriamente es la parte que cae sobre la frente y ojos, que algunas mugeres los suelen traher postizos, y en castellano se llaman lados. S. Gerónimo no se por qué fin entiende por esto la hermosura encubierta, y ansi traslada: Tus ojos de paloma, demas de lo que está encubierto (absque eo quod intrinsecus latet). En que no solamente vá diferente del comun sentido de los mas doctos en esta lengua, pero tambien en alguna manera contradice á sí mismo, que en el capitulo quarenta y siete de Esaias (Jes. 47,2), donde está la misma palabra, entiende por ella torpeza y fealdad, y ansí la traduce.

Diese Erklärung des Wortes צמתך findet sich auch in Kimchi's Wörterbuch, zugleich wird das Wort mit קרץ und טרי״צי (wahrscheinlich das provenzalische crins und eine mundartliche Form des ital. treccia) übersetzt.

In ähnlicher Weise erklärt Luis de Leon die Wörter: בִּרְמַל .14 .4—2, 4 אהלות, קנמן, קנה, תלפיות, רקתך, קצובות מלאת, תהלים, הגול, עבר ,6, 5. הדחיבוני 6, 10. 7, מישרים, רחטים 5, 5. 10—12.

Auch das דודי, דודך (1, 2. 4: 4, 10: 7, 13) übersetzt Luis de Leon — von den LXX und der Vulgata abweichend — mit amores, und ebenso übersetzt er wiederum von beiden abweichend — דובב שפתי ישנים (7, 10) mit: hace hablar los labios de dormientes.

Diese Uebersetzung des Schir haschirim und namentlich die Abweichungen von der Vulgata waren die Veranlassung, dass Luis de Leon im Jahre 1572 vom Inquisitionstribunal zu Salamanca zur Gefängnissstrafe verurtheilt wurde. Im Gefängniss schrieb er seine Vertheidigungsschrift — die in seinen Schriften abgedruckt ist — in Folge wovon 1576 seine Freisprechung erfolgte.

סדר הפלה להענית במנהג קק הספרדים יי״א
על יד המגיה הנאמן . . . מהו שמואל רודריגיז מינדרים
אמשטירדם בשנת תפו לפ״ק (1726).

Auch in diesem hebräischen Gebetbuche für die Fasttage findet sich die Uebersetzung einer chaldäischen Paraphrase. In der Liturgie für den Fasttag des 9. Ab (תשעה באב) ist nämlich in der Haphtharah (Jer. 8, 13—23, 9, 1—23) zu jedem Verse in lateinischen Lettern die spanische Uebersetzung der chaldäischen Paraphrase des Verses (ohne den Text) hinzugefügt. Wahrscheinlich wurde in der Synagoge beim Vorlesen des Textes zugleich die Uebersetzung der Paraphrase vorgelesen.

Im Folgenden gebe ich die zwei ersten und die zwei letzten Verse dieser Uebersetzung. (Im Ganzen sind es 34 Verse.)

Cap. 8, Vs. 13. Dixo Yrmiyáhu el Propheta á Ysrael, por quanto passaron por la ley escrita y la ley Mental: tajar los tajare dize A., no como las uvas de la vid, que se cojen pocas á pocas, ni como los higos de la higuera, que se cojen uno á uno, sino todo junto fruta y hoja sera arrastrada y rehollada y perdida: porque la ley santa que les dy en monte de Sinaiy passaron por ella.

14. Aparejados son Ysrael de decir, como sintieren venir el enemigo, sobre que nos estantes: Seed apañados y entremos en las cindades, y callemos alli; porque A. N. D. truxo sobre nos mucho quebranto, y nos hizo callar, y nos abrevo aguas de hiel y vaso de maldicion porque pecamos á A.

Cap. 9, Vs. 22. Dixo Irmiyahu el Propheta á Israel, assi dixo A. no se alabe el sabio con su sciencia, aun que sea tan sabio como el Rey Selomoh, que su sciencia no le ha de aprovechar nada á escapar de mano del enemigo: ni se alabe el valiente con su valentia, aun que sea tan valiente como Simson, poco le ha de aprovechar su valentia: ni se alabe el rico con su riqueza, aunque sea tan rico como Achab higo de Homri, porque mi sententia ya es dada, y no le aprovechara nada su riqueza.

Vs. 23. Mas abrid bien vuestros ojos y entended y tomad vuestra mal con mucha paciencia, y allá onde quiera que fuereis captivos si quiziereis bien quistos mirados y loados, aprended á hazer unos con otros de mis buenas condiciones, que yo A. hazien merced, justicia, y caridad en la tierra, tambien a vuestros hijos, assi proprio hazed cada uno de vosotros, que el sabio doctrine y enseñe la sciencia á quien no la sabe, y el valiente haga mantener la ley y la justicia á los que poco pueden, como guerfanos y viudas: y el rico haga limosna á quien la ha menester, como yo hago con el, y con este quitaré y anularé las malas sentencias y trabajos de vosotros, que en estos envolunté dicho de A.

Ein in Livorno gedrucktes Büchlein (12 Blätter in Duodez) enthält ebenfalls den Text der Haphthara für den 9. Ab mit versweise beigedruckter arabischer Uebersetzung der Paraphrase, aber wiederum ohne den Text derselben. Der Titel des Büchleins ist:

ספר הפטרת תשעה באב עם פהרון ערבי במנהג
קֹקֹ בגדאד יעֹא ואגפיה
פה ליוורנו יעֹא שנת רֹנִי וִשְׂמֳחִי לפֹקֹ (הרבֹד = 1864)

Diese Uebersetzung bietet übrigens mehrfache Abweichungen von der oben gegebenen spanischen Uebersetzung. So z. B. lautet die Uebersetzung der Paraphrase zu 8, 13 (dem ersten Vers der Haphthara) in der arabischen Uebersetzung wie folgt:

קאל אל נבי ירמיה פנא אפניהם יקול אל ואבעתה עליהם אל עדו בבת
נאצר ויקטפהם מתל מא ינקטף אל ענב מן אל כרם ואל תין מן אל שגר
זגאר וכבאר ויגליהם אלא באבל עלא דנובהם אלדי ארנבו ולם אשפק עליהם
לאנהם פרטו לי שריעתי ולם עמלו גמיע אלדי מכתוב פיהא:

D. h.: Es sagt der Prophet Jeremias: Vertilgen will ich sie, spricht Gott, und ich werde über sie schicken den Feind Nebukadnezar, und er wird sie abpflücken wie man die Traube vom Weinstock abpflückt und die Feige vom Feigenbaum, klein und gross, und er wird sie in die Verbannung führen nach Babel, wegen der Sünden, die sie begangen haben, und ich werde mich ihrer nicht erbarmen, weil sie vernachlässigt haben mein Gesetz und das nicht gethan haben, was darin geschrieben steht.

Beide Uebersetzungen sind gewissermassen Paraphrasen der Paraphrase, da der Text des Targum viel kürzer und einfacher ist.

Ein anderes in Livorno gedrucktes Buch (35 Bl. in 8°) enthält (ähnlich den oben angeführten Büchern oder Büchlein) den hebräischen Text des Schir baschirim mit verweise hinzugefügtem Text der chaldäischen Paraphrase, dem die arabische Uebersetzung desselben beigefügt ist.

Der Titel des Buches lautet:

ספר שיר השירים שנוהגים לקרות בחג הפסח אחר המנחה עם
התרגום ופתרונו בלשון ערבי בכל פסוק ופסוק כי כן המנהג בעיר בגדאד
ובמקומות אחרים לאומרו כפתרונו.
פה ליוורנו יע״א שנה ועליהם תבא ברכה טוב לפ״ק (תרל״ט = 1879).

Das Buch Ruth nebst den Asharoth[1]) Gabirols.

Aehnlich wie vom Schir haschirim gibt es auch einen besonderen Abdruck des B. Ruth zu liturgischen Zwecken. Ein zu Venedig i. J. 6513 (1753) gedrucktes Büchlein hat den Titel:

כתובה לחג השבועות שייש נוהגים לומר בבקר קודם קריאת ספר תורה ואזהרות ורות הנוהגים לומר בימים ההם קודם תפלת מנחה • עם הלעז בלשון ספרדי על האזהרות ורות (Kayserling p. 99).

Darauf folgt in Raschischrift: Los quales hay quien usan a dezirlos en ladino en lengua española en los dos dias de שבועות antes de dezir מנחה.

In einem darauf folgenden hebräischen Vorworte heisst es, das Buch sei der Wiederabdruck eines vor 100 Jahren in Salonichi gedruckten Buches, in welchem die אזהרות des R. Salomon ben Gabirol in spanischer Sprache abgedruckt waren, wozu der Herausgeber dieses Buches noch die spanische Uebersetzung des B. Ruth hinzugefügt, da man auch diese zu lesen pflege.

Das Büchlein enthält also zunächst eine כתובה[2]) von Israel Nagàra, die ganz im Styl einer solchen gehalten und — in bekannter witziger Weise — mit biblischen Schlussversen durchflochten ist, darauf folgen die אזהרות und das B. Ruth. Den einzelnen Strophen der אזהרות sowie den einzelnen Versen des B. Ruth ist die spanische Uebersetzung in vocalisisirter Quadratschrift beigefügt.

Die אזהרות haben die Ueberschrift:

אזהרות לר׳ שלמה בן יהודה גבירול קון לאדינו

Die darauf folgende erste Strophe — mit dem Acrostichon שלמה בן יהודה — lautet:

שמור לבי מענה היה במאר נחנה
ירא האל ומנה דבריו הישרים:

Guarda mi coraçon responso, sé en lo mucho quebrantado, time a el Dio y conta sus palabras las derechas.

Im Folgenden gebe ich einige der übrigen Strophen.

---

[1]) Ueber die Asharoth cf. Dukes, Zur Kenntniss der neuhebräischen religiösen Poesie, p. 43.

[2]) Cf. Dukes l. c., p. 82.

Str. 9. והרעים אל רעוה בקול הפליא זועות
מקבץ על גבעות מדלג על הרים:

Y atronolos Dio de saberes, con boz hizo maravillas estremeciones, saltan sobre collados, saltan sobre móntes.[1]

Str. 10. ועה קרא אותם רעדה אחזתם
ויצאה נשמתם ברתת ושברים:

Y ora que llamo a ellos tembla les trabo y salio sus almas con tembla y quebrantos.[2]

Str. 11. והוריד טל אידיו לעמו ועבדיו
והשיב בחסדיו נשמות לגברים:

Y hizo descender rocio de sus nubes a su pueblo y a sus siervos y hizo tornar por sus mercedes almas a los cuerpos.

Str. 12. אני הוצאתיך אני הזהרתיך
אני הדרכתיך בדרכי מישרים:

Yo te saque, yo te acavide,[3] yo te encamine en careras derechas.

Ich besitze noch ein anderes Buch ähnlichen Inhalts mit dem Titel:

בחורים מנחה חדשה כולל סדר חג השבועות . בתובת התורה . . . .
ומגלת רות . סדר המצוה ואזהרות אשר יסדו גאונו עולם . . . . ר' שלמה בן
גבירול ור' יצחק בר' ראובן ז"ל.
גם נלוה עמם מדרש עשרה הדברות בלשון ערבי הבינו גם חקרו
גאון עוזנו ועט"ה ראשנו ר' סעדיה גאון זלה"ה נבונים לקרותם בח:
השבועות בכל מחנה ישראל ובמנהג קהלות קדושות תונם ארגיל והד‎אן
תלמסאן והסביבות:

ביינה שנת תרמ"ט בדפום של סי' יוסף שלעזינגער.

Vienna Jos. Schlesinger librairie.

Der erste Theil dieses Buches oder Büchleins hat, der Hauptsache nach, denselben Inhalt wie das vorhergehende, wie auch die

---

[1]) Bezieht sich auf die im Vorhergehenden erwähnte Gesetzgebung auf Sinai.

[2]) Bezieht sich auf das was im Talmud (Sabbath 88b) von der Furcht der Israeliten bei der Gesetzgebung erzählt wird.

[3]) Acavidar bedeutet ermahnen, warnen und ist so die Uebersetzung von הזהיר z. B. Ex. 18,20, sowie acavidarse sich warnen lassen, sich in acht nehmen bedeutet als Uebersetzung von הִזָּהֵר Koh. 4,13;. 12,12. In den spanischen WBB. findet sich das Wort nicht.

Uebersetzungen in beiden übereinstimmen. Der zweite Theil enthält die arabische, dem Saadias zugeschriebene, Erläuterung des Dekalogs, die an diesen Festtagen gelesen wird, nach dem Gebrauch von Tunis, Algier, Oran und Tlemsan, welchen Gebrauch auch Zunz erwähnt.[1])

Diese Saadianische Erläuterung des Dekalogs, die Zunz ebenfalls erwähnt[2]) und in welchen mehrere Anklänge an Stellen des Koran vorkommen,[3]) findet sich auch in einem anderen zu Livorno 5593 (1833) gedruckten Büchlein, רובב ערבות betitelt. Dasselbe enthält: 1. die Pirke Aboth, hebräischer Text mit satzweise beigefügter arabischer Uebersetzung. Da die Pirke Aboth — heisst es auf dem hebräischen Titelblatte — an den Sabbathen zwischen dem Pesach- und dem Wochenfeste (in der Synagoge) von Knaben zugleich mit der spanischen Uebersetzung vorgelesen werden, so hat der Herausgeber auch eine arabische Uebersetzung verfasst. 2. פיוט בר יוחאי, an Sabbathen und Feiertagen zu singen drei Piutim zu Ehren des R. Simon b. Jochai,[4]) hebräisch und arabisch. 3. Die Saadianische Erläuterung des Decalogs, die mit der oben erwähnten übereinstimmt.[5])

---

[1]) Die Ritus des synagogalen Gottesdienstes, p. 52.

[2]) Ebenda.

[3]) z. B. im Eingang, von Gott: אלדי בלק אלדניא וקאל להא (Sur. 6,72) בן פבאנה, ferner (Sur. 2,54) ואלמן ואלשלוי אטטעמנא, zum dritten Gebot, vom Namen Gottes: והו אסמי אלדי דברהו אבחק ופדיתה באלבבש והו אסמי אלדי דבר אדרים ועליהה עלי ערשי (Sur. 37,107; 19,57), zum vierten Gebot: (4,124) ובלקה אלדניא פי סתה איאם ferner: ואבחתרת אברהים בלילי (Sur. 7,52) אלסאבע ואסהוית עלי ערשי פי אליום und so noch Manches.

[4]) Dieser פיוט בר יוחאי wird auch von Jakob Saphir in seinem אבן ספיר genannten Buche (I, 61a) erwähnt.

[5]) Mit beiden Versionen stimmt die von Eisenstädter (1868) herausgegebene Schrift „Saadia's arabischer Midrasch zu den zehn Geboten" überein, nur dass die Orthographie verbessert ist. Ich besitze aber noch eine andere in Oran gedruckte Ausgabe mit dem Titel:

עשרת הדברים .... הנוהגים לקרות ביום נתינתם · פה קק והראן ‎"‎
והלמסאן והסביבות · בלשון ערבי .... באשר הבינם .... רבינו סעדיה
גאון זלהה:"

פה והראן יע״א שנת הזו״י זהב לפ״ק (1856):

Diese Ausgabe bietet viele Abweichungen von den oben angeführten; auch geht der Erklärung des Decalogs die arabische Uebersetzung von Ex. 19, 1—25 voran, sowie ein Midrasch, in welchem Mosis Aufenthalt im Himmel und seine Gespräche mit den Engeln erzählt wird. Auch hier finden

Die 613 Gebote.

Der theilweisen Aehnlichkeit des Inhaltes wegen sei hier noch ein anderes Buch erwähnt, das eine eigenthümliche Aufzählung der 613 Gebote enthält, mit dem Titel:

שש שערים שיר נחמד במשקל במספר כתר מילות בבנין תרי"ג מצוה
וישבעה דרבנן .... אשר חבר והקן ואזן החכם .... המקובל האלקי
כמהור"ר שלמה ששפורטש זצ"ל · אשר היה אב בד"ד ומורה צדק בק"ק ניצא
די פרובינצא יע"א · והובא אל הדפום ע"י החכם ... שלמה בן במה"ר מבעור
אדהאן מתושבי האפיללת יע"א
באמשטרדם שנת ותומכיה מאושר (1727).

Die zweite Hälfte des Buches enthält die spanische Uebersetzung desselben (in lateinischen Buchstaben) und hat folgenden Titel:

זכר רב. Memoria de los 613 preceptos de la S. Ley, y siete de Sabios. Traduzido del Hebrayco de un Canto compuesto por el muy insigne H. H. R. Selomoh Sasportas de G. M. que fue Rab y Cabeça en el K. K. de Nissa de Provença y lo llamò en su nombre Seis Puertas. Dàlos a la impression el H. H. R. Selomoh Adhan, Vezino de Taffilet, de donde saliò abuscar medios, para resgatar su Esnoga[1]) y familia que estan empeñadas en poder de Moros, como consta de las Cartas Authenticas, que tiene de differentes Hahamim etc.

En Amsterdam año 5487.   Kayserling p. S. 99.

Das Gedicht (canto) des hebräischen Textes ist der Art, dass jedes Wort desselben ein Gebot bezeichnet, wie aus folgendem Anfang desselben zu ersehen:

אדני · האהב · תירא · בשיחים · והשבע · בנקדיש ·

Es sind also im Ganzen 613 Wörter. Hierauf wird die Erklärung derselben folgendermassen gegeben:

---

sich Anklänge an den Koran, z. B. zum ersten Gebot, wo Gott אדהמיאן ארחים genannt wird (nicht אלרחמיאן, da hier alle Wörter nach dem Gehör geschrieben sind), zum dritten Gebot: והו אסמי אלדי דבר יצחק אראביח ובריגה אלבבש
(الْنَعِيم) מן גנא וגעלוהו פראה: ist die Bezeichnung Isaaks oder Ismaels, cf. meine Beiträge p. 111. 112).

[1]) Esnoga, das gewöhnlich für Synagoge gebraucht wird, ist hier wie es scheint im Sinne von „Gemeinde" zu nehmen.

א . אדני . לידע שיש אלקים והיא אמונה מציאותו יתברך שנאמר
אנכי ה' אלקיך . יתרו:
ב . האהב . לאהבו שנאמר ואהבת את ה' אלקיך . ואתחנן:
ג . תירא . ליראה ממנו שנ' את ה' אלקיך תירא . עקב:
ד . בשיחים . להתפלל אליו שנ' ועבדתם את ה' אלקיכם וגו' ולעבדו
בכל לבבכם (איזו היא עבודה שבלב הוי אומר זו תפלה) . משפטים:

Auf diese Weise werden alle 613 Wörter erklärt.

Die spanische Uebersetzung, der eine kurze „Advertencia" vorhergeht, lautet:

1. El Señor. Que se crea que ay un Dios[1]) como dize, yo soy el Señor tu Dios que te saquè de tierra de Egipto. Exod. 20, 2.

2. Ama. Amar a Dios, C. D.[2]) y amaras al Señor tu Dios. Deut. 6, 5.

3. Teme. Que se Tema de Dios, C. D. al Señor tu Dios temerás, ibid. 6, 13.

4. Y ora. Servir à Dios con oracion, C. D. y sirvireis a A. vuestro Dios. Ex. 23, 25.

סדר ברכות.

Diese beiden Worte bilden die Ueberschrift der ersten Seite eines Buches, dessen Titelblatt (in meinem Exemplare) fehlt. Dass aber סדר ברכות auch der Titel des Buches ist, lässt sich schon aus dem Umstande schliessen, dass dasselbe lauter Benedictionen — längere und kürzere — enthält.

Am Ende desselben wird die Jahreszahl des Druckes — 5447 (1687) — angegeben. (Cf. Kayserling p. 62.) Das Buch, hebräischer Text mit spanischer Uebersetzung in lateinischen Buchstaben, enthält auf 303 Blättern in Duodez, nebst der Pesachhagada, unter vielen anderen Benedictionen auch die folgenden: Ein Gebet beim Besuch des Lehrhauses (בית המדרש — oracion para caza del Estudio) und beim Verlassen desselben (p. 196), bei der Vollendung eines Talmudtractats (p. 198), תפלת הדרך — del Camino (p. 201), dann für Einen der Nachts zur ungewöhnlichen Zeit auf dem Wege ist — המהלך

---

[1]) Eine Eigenthümlichkeit dieser Uebersetzung ist, dass auch hier „Gott" nicht mit Dio sondern mit Dios ausgedrückt wird.

[2]) como dize.

בלילה בלא שעה — el que anda del noche a deshora¹) (p. 206), beim Messen des Getreides (p. 238), beim Besuche des Bades (p. 240), viele Trauergebete, darunter (p. 284) eine הזהרת המתים — exortacion de los muertos, ferner (p. 286) mehrere השכבות, eine השכבה לאיש — Ascaba (v. oracion funeral) para varon, Hascaba (sic) para muger, Hascaba para criatura, sowie (p. 300) השכבת השרופים על קדוש השם — Ascaba de los quemados por santificamiento del nombre de Dios.

Darauf folgen als Anhang mit besonderer Paginirung (54 pp.) in hebräischer Sprache folgende Vorschriften: Ueber das מלקות schlagen an ע״ב י״ג, über die Entbindung von Gelübden, Schlachtregeln, ein Gedicht über die Untersuchung der Lunge eines geschlachteten Thieres,²) die 70 Arten von טרפות.

Hierauf folgt 1. in portugiesischer Sprache: Discurso sobre los Dinim de Sehita y Bedica. 2. In spanischer Sprache: Orden de los Dinim de Degollar. 3. Portugiesisch, über die zu einem gesetzlich vorgeschriebenen Bade (מקוה) nöthige Wassermenge, unterschrieben:

Em Amsterdam a 12 de Adar seny, 5445

Estavaõ firmados { Selomoh de Oliveira, Ishack Sarruco, Ishack Aboab.

4. Portugiesisch, über die beim פדיון הבן zu gebrauchenden Goldmünzen — O Resgate do Primogenito. 5. Spanisch, Circolo de los Tecufoth, von S. de Oliveira. 6. Calendario perpetuo. 7. Hebräisch, über die Monate und Festtage. 8. Portugiesisch, Chronik der Ereignisse seit der Sintfluth.

Pag. 51 findet sich das folgende, hebräisch mit spanischer Uebersetzung, welche letztere hier folgt.

Beneficacion del Sueño — הטבת חלום.

El que soñare sueño y su alma angustiada y triste sobre el, ayunara en el dia siguiente y aun que sea en Sabat para que se rasgue sa mala sentencia, y sobre tres suertes de Sueños ayunaran en

---

¹) Das בלא שעה ist Nachbildung des spanischen a deshora, fuera de hora ó de tiempo, intempestive wie es das Diccionario der Akademie erklärt.

²) Das Gedicht beginnt mit den Worten:

אֲנִי רִיאָה אֲנִי מַרְאָה קְשָׁרוֹתַי וְטַרְפוֹתַי
כְּדֶרֶךְ רַב שְׁמוֹ מֹשֶׁה בְּנוֹ מַיְמוֹן נְהִיגָתִי

Der Verfasser nennt sich (am Schlusse) וְיִטַּל דָּוִד בֶּן שְׁלֹמֹה.

Sabat, y estos son: El que ve el Sefer Torah que se queme, o dia de Quipur en el tiempo de Nehila, o Vigas de su Caza o sus Dientes solamente que cayeron; y despues del ayuno antes de comer ira delante tres hombres y dira el que soño siete vezes: Sueño bueno vide,[1]) sueño bueno vide. Y responderan: Sueño bueno visto, sueño bueno viste, sueño bueno viste: sueño tuyo bueno el, y bueno sea. El piadoso lo ponga para bien, siete vezes sentencien sobro el de los cielos que sea bueno, bueno el y bueno sea.

Y despues dira tres Revocamientos, y tres Redenciones, y tres Pazes (ג׳ הפוכות וג׳ פדויות וג׳ שלומית).

Damit ist gemeint, drei Verse in deren jedem das Wort הפך, drei in deren jedem פדה vorkommt und drei mit dem Worte שלום. Es sind das die hierauf folgenden Verse: Ps. 30,12, Jer. 31,13, Deut. 23,6, dann Ps. 55,19, Jes. 51,11.1, Sam. 14,45, dann Jes. 57,19.1, Chron. 12,18.1, Sam. 25,6. Von je drei Versen sagt der Fastende, der den bösen Traum hatte, den ersten Vers, die anderen Verse bilden die Responsen.

Hierauf heisst es weiter:

Y dira:

Canto a las gradas. Alçare mis ojos a los montes, de donde vendra mi ajuda: Mi ayuda de con A. hazedor de Cielos y tierra.

Y ellos responderan:

No dejara a resvalamiento tu pie, no adormecera tu guardador: He no duerme y no dormira guardador de Israel: A. tu guardador, A. tu solombra por mano de tu derecha. De dia el Sol no te erira ni Luna en la noche: A. de guardara de todo mal guardara a tu alma: A. guardara tu salida y tu entrada, desde agora y hasta siempre. (Ps. 121.)

Y diran:

Anda come con alegria tu pan y bebe con coraçon bueno tu vino que ya envoluntó el Dio a tus obras. (Koh. 9, 7.)

Y bueno es de prometer pan a los pobres.

Pag. 259 heisst es hebräisch und spanisch:

שנוי השם — el mudar del nombre.

Dezimos en Roshasana capitulo primero, quatro cosas rompen decreto de juizia del hombre, caridad, oracion, mudar el nombre y

---

[1]) Der Satz Sueño bueno u. s. w. ist im Original chaldäisch: חלמא טבא חזאי וגו׳.

mudar de obras, y por eso usaron de mudar el nombre de el enfermo que huviere peligro.

Hierauf folgt ein bei dieser Gelegenheit zu sprechendes Gebet.

Auch von der „Weiheit Jesu des Sohnes Sirach" existirt eine Ladino-Uebersetzung in hebräischen Lettern (Kayserling p. 28) unter dem Titel: ‎"חכמת יהושע בן סירא נעתק מלשון עברי ללשון ספרדי ע"‎ ‎"ישראל בכר חיים הי"‎. Wien 1818. Es ist dieses die Uebersetzung einer anderen Uebersetzung, nämlich der des Jehuda Löb ben Seeb (‎יהודא ‎ליב בן זאב‎), welcher die Sprüche Sirach's aus dem Syrischen — unter Vergleichung des griechischen Textes — ins Hebräische übersetzte, wie er in der Vorrede (v. J. 1798) sagt. Diese Vorrede, in welcher u. A. auch die Talmudstellen angeführt werden, in denen die Sprüche des „Sefer ben Sira" erwähnt werden, findet sich nun auch in dieser Ausgabe. Darauf folgt eine 16 Seiten umfassende Vorrede in Ladino von dem Uebersetzer Israel b. Chajim von Belgrad. Im Folgenden gebe ich nun einige der Sprüche.

Cap. III, Vs. 4. Quien que honra a su padre, y el sera honrado de sus hijos, y quando hara oracion o rogativa sera respondido.

Vs. 28. La agua amata la flama en el fuego, y la ‎צרקה‎ aremata pecado.[1])

VII, 36. En todas tus hechas membra el dia de la prostimeria[2]) y por ello non pecaras nunca.

X, 5. Asegun[3]) el podestator ansi su visir o su ministerio, y como las cabizeras ansi y los moradores de la ciudad.

---

[1]) Aehnlich wie ‎צרקה‎ das gewöhnliche Wort für Mildthätigkeit, Almosen ist, wird auch in den spanisch-arabischen Schriften das gleichbedeutende arabische صَدَقَة unter der Form Azadaque, Açadaca (mit dem Artikel) sehr oft gebraucht (cf. meine „Beiträge" p. 272, Nr. 2). Flama, die gewöhnliche Uebersetzung von ‎להב‎, Flamme und amatar die von ‎כבה‎, löschen sind altspanische Formen für llama und matar. Rematar bedeutet im Spanischen beendigen, rematarse sich zerstören. In der ferrarensischen Uebersetzung ist rematar die Uebersetzung von ‎מחה‎, vertilgen, die mit hebräischen Buchstaben gedruckten Uebersetzungen haben dafür arematar, also wiederum Vorsetzung des A zu dem spanischen Worte.

[2]) Prostimeria — als Uebersetzung von ‎אחרית‎ — ist das in den mit hebräischen Buchstaben gedruckten Büchern gebrauchte Wort statt Postimeria, das die Uebersetzungen mit lateinischen Buchstaben haben.

[3]) Asegun statt segun ist wiederum ein spanisches Wort mit vorgesetztem A.

XI, 1. Con la cencia¹) el tierno y humilde se enaltece de su bajeza y de el polvo su cabeza, y entre xarifes²) lo haze asentar.

Vs. 13. Mi hijo, si no corres, tambien non alcanzas, y si non buscas, non topas.

Vs. 18. Bien y mal, vidas³) y muerte, riqueza y probeza⁴) viene de el Dio.

XIII, 17, 18. Toda crianza⁵) ama a su manera y ansi debe el hombre amar a su compañero. Todo lo vivo a su manera tiene su morada, y el hijo de hombre a semeja a el.

XX, 11. El que echa una piedra entre un apañamento de paxaros siguro que los axota⁶) y se fuyen, ansi las hablas lisongeras o chanuferas⁷) haze espartir los amigos.

---

¹) Cencia (סינסייא), statt ciencia, ist als als Uebersetzung von חכמה in den mit hebräischen Buchstaben gedruckten Schriften die gewöhnliche Form.

²) Mit Bezug auf das bereits oben (zu Ps. 113, aus בית תפלה) vorgekommene שאריף ist noch zu bemerken, dass auch bei Covarrubias (ed. 1674, fol. 212ᵇ) „xarifa cosa „vorzügliche, ausgezeichnete Sache" bedeutet, ohne Zweifel das arabische شريف, das auch die Bedeutung „fein, vortrefflich, ausgezeichnet" hat. Bei Diez s. v. bedeutet spanisch Xerifo „schön, geschmackvoll gekleidet". Der letzte Satz lautet im hebräischen Texte (der zwar auch Uebersetzung ist) סלסלה ותרוממך ובין נגידים תושיבנו, ähnlich VI, 32 ובין נגידים תושיבך, welche Stelle, wie Ben Zeeb in der Vorrede bemerkt, im Talmud, Berachoth 48ᵃ — oder vielmehr im jerus. Talmud, Ber. 7, 2, wozu auf Tos. Erubin verwiesen wird — im Namen Ben Sira's angeführt wird. Dasselbe wird auch in der Randglosse zur Wiener Ausgabe des Talmud v. J. 5620 (1860) bemerkt.

³) Vidas, wie immer statt vida, entsprechend dem Plural חיים.

⁴) Probeza statt pobreza wurde bereits oben erwähnt.

⁵) Crianza im Sinne von Geschaffenes, Geschöpf ist altspanisch, ebenso Manera für Art.

⁶) Axota. Das וַיֵּשֶׁב Gen. 15, 11 erklärt de Oliveyra (s. v. נֶשֶׁב) mit Hizo bolar, enxotò, die ferrarensische Bibel mit oxeó (und ebenso die Ausgabe Cinco libros de la ley divina, Amsterdam 5451 — oben Nr. 8 — die in der Regel — mit Ausnahme einzelner Wörter, die dem neueren Sprachgebrauche angehören — mit der ferrarensischen Uebersetzung übereinstimmt), השק שלמה hat aoxeó (אאושייאו), die Bibel mit Marginalübersetzung: Ojeò, hizo abolar, die Wiener Pentateuchübersetzung asopló (soplar mit vorgesetztem a). Axotar und enxotar finden sich in keinem spanischen Wörterbuche, die anderen Wörter entsprechen dem spanischen ojear, verscheuchen.

⁷) Chanuferas (חנופיראס) ist ein vom hebr. חנף gebildetes Wort, wie man ähnlich im Jüdisch-deutschen Chanfen, chanfenen statt schmeicheln sagt.

Vs. 22. Entronpeçan¹) con el pié es poco el daño, y el que entronpeça con la lengua haze adoloriar alma.

XXV, 1. 2. Tres cosas ellas que de ellas se envició mi alma, y tambien hermosas en catares de el Dio y· hombre, igualamiento entre hermanos, y amistad entre vicinos, y fieldad entre hombre y su muger.

XXVI, 3. Muger de virtud vicio de su marido y cumple sus dias con alegria.

XXVIII, 14. Lengua aterciada²) haze echar pueblos en el cativerio y tambien los haze echar de pueblo a pueblo.

XXXI, 33. Ansi como el esmerador conoce el atuendo³) que mete en el fuego, ansi es privado⁴) el hombre quando bibe el vino.

XXXIII, 13. 14. El bien á escuentra el mal, las vidas á escuentra la muerte, la luz á escuentra la escuridad y la justedad á escuentra la malicia. Cata y ve en todas hechas de el Dio בֹּה, y veras que todas á pares á pares, y este á escuentra este.

¹) Entronpeçan. Das Wort כָּשַׁל. straucheln (Jes. 31,3, Hos. 14,2, Ps. 9,4; 17,3) wird in den mit hebräischen Buchstaben gedruckten Schriften mit entronpeçar (אינטרונפיסאר), in der ferrarensischen Bibel mit estrompeçar, in der Biblia en dos colunas mit tropeçar übersetzt. Tropezar ist das jetzige spanische Wort, altspanisch entropezar und estropezar. מִכְשׁוֹל (Lev. 19, 14, Ps. 119, 165), spanisch Tropiezo, übersetzt de Oliveyra mit estropieço, חֵשֶׁק שְׁלֹמֹה mit entropieço, ebenso die ferrarensische Bibel. Dass das Straucheln mit dem Fusse weniger Schaden bringe als das mit der Zunge ist ein oft vorkommender Spruch (cf. ZDMG. XLII, 280 f.).

²) Mit aterciada wird das hebräische Wort für dreifach, מְשַׁלֵּשׁ מְשֻׁלֶּשֶׁת Gen. 15,9, sowie שְׁלִישִׁיָה Jes. 19,24 und שְׁלִשִׁיתָה Ez. 21,19 übersetzt. Der hebräische Text hat hier לְשׁוֹן שְׁלִישִׁית, es entspricht das dem לָשׁוֹן שְׁלִישִׁי, לִישָׁן תְּלִיתָאי, dritte oder dreifache Zunge, wie im Targum und im Talmud die Verleumdung genannt wird, weil sie drei Personen schadet (cf. Tanchuma ed. Buber, IV, 54ᵃ zu Num. 19,2, Pesikta d. R. K. ed. Buber, 32ᵃ, Buxtorf s. v. לִישָׁן col. 1160, Levy, Chald. WB. s. v. לִישָׁן, I, 416). Der griechische Text hat hier γλῶσσα τρίτη, das, wie Schleussner (Thesaurus s. lex. in LXX etc. s. v. τρίτος) bemerkt, in demselben Sinne zu nehmen ist wie לִישָׁן תְּלִיתָאי. Aus demselben Grunde heisst übrigens auch im Arabischen der Verleumder مُثَلَّث, von ثلث, Drei (cf. meine Beiträge p. 238).

³) Atuendo, das im Spanischen fehlt, bedeutet Gefäss.

⁴) Privado. Die Wörter בחן נסה, prüfen, werden in den mit hebräischen Buchstaben gedruckten Schriften mit privar (פריבאר), in den übrigen mit provar übersetzt.

XXXVI, 21. La plata y el oro con la piedra se priva, empero el hombre con la plata y el oro es pribado.

XLI, 26. Hermano y cercano escapan en la augustia, y mas que ellos el apiadar con almosna.[1]

Im Folgenden gebe ich einige Auszüge aus zwei auf die Bibel bezüglichen Schriften.

Uebersetzung des Sefer hajaschar.

Auf dem Titelblatte heisst es: ספר הישר. Este libro si nombra ספר הישר, conta de quando crió el ש"ית a su (אסו) mundo y a אדה"ר y a נח y a los padres santos y el hecho (איג׳ו) de sus pleitos de los שבטים, y el hecho de יוסף y פרעה y משה רבינו con מצרים, y los נסים que hizo הש"ית con los padres y con los hijos, נסים che non vienen a meollo di בן אדם, y eñadé (איניאד׳י)[2] unas cosicas como דברי מוסר y מעשיות ומשלים que convienen à su עניין, para que tome נחת רוח el meldador, y alabemus à el ש"ית de los נסים que hize con nuestros (מואיסטרום) padres, y haga con nosostros (מוזוטרום), y appresuré, la reguuicion (רינגמיסיי׳ון)[3] de בבא בעגלה הגדול שמו למען ישראל נדפס פה שאלוניקי תחת ממשלה אדוננו המלך שולטן עבדול מגיד ירה תרי"ח לפ"ק. (1858).

Die Opferung Isaak's.

Fol. 30ᵇ. וירא פ׳. Y fue el dia y vinieron los מלאכים por pararse delantre (דילאנטרי) el ש"ית y despues vinó el שטן le dixo à el שטן: Que hay por el mundo, ven contami. Le dixo a el: Descubierto todo delantre de vos, esto miranda por el mundo cosas pias, que quando vos llaman y vos quieren, y despues vos dexan y no vos acudran a vos. Si vistes a vuestro amigo אברהם que lo alabas siempre; quando no tenia hijo vos servia a vos y en quandos lugares vos allegaba קרבנות y agora que le nació un hijo convidó

---

[1]) Almosna — statt Limosna — wird auch bei Sanchez als altspanisches Wort angeführt. Aehnlich wie im vorhergehenden Verse wird auch bei Shakespeare (Timon of Athens, IV, 3) das Gold Prüfstein des Herzens genannt (o thon touch of hearts). Die Stelle 31, 33, dass man beim Weine den Menschen erkenne, entspricht einem bekannten talmudischen Spruche: בכוסו בכיסו בכעסו. Ein ähnlicher Spruch bei Theognis wird von Sachs (Beiträge II, 5) angeführt.

[2]) Statt añadir haben die mit hebräischen Buchstaben gedruckten Schriften eñadir.

[3]) Regunir wird in diesen Büchern statt redimir gebraucht.

trenta y dos reyes y comió y bebió y se olvidó de vos, que de todo lo que gastó in aquella (אקייאה) festa non hizo un קרבן por vos, y trenta y siete años hay (אי) de quando nació יצחק, mira si vos ha traido un קרבן. Y dixo השי״ת à el שטן: Porque hablas mal por אברהם, que non como el en la tierra varon prenismo[1]) y dirigido. Y dixo el שטן: Privaldo[2]) y veres. En la hora la ista fue provedismo[3]) di A. a אברהם. Lo llamó y le respondió que mande. Y dixo à el: Toma à tu hijo regalado a יצחק y va ti (באטי) a tierra de la מוריה y haz alzaçion[4]) a uno de los montes que ti amostrare[5]) à ti. Y vino אברהם en su casa y se asentó delante de שרה su muger, y habló a ella estas palabras diciendo: Nuestro (מואיסטרו) hijo יצחק se hizo grande y no anvisó[6]) a meldar. Agora andaré mañana y lo llevaré (ייבארי) à la ישיבה de שם y עבר, e envise a meldar y a conocer a el (אאיל) שי״ת. Y dixo שרה: Bien, mi señor, anda y llevalo como hablastes, angak (אנגאק)[7]) lo que te rogo es que no lo lleves en lugar lexos, y que no iste alli mucho tiempo que mi alma esta atada con su alma. Y dixo אברהם a שרה: Mi hija, roga a el שי״ת que haga tode lo bueno . . . .

Y fue a la mañana y tomó שרה vestido bueno que le enpresentó אבימלך y vistió a יצחק su hijo, y puso toca di seda in su cabeza y una piedra di diamante en la frente, y les dio vianda para el camino, y anduvieron אברהם y יצחק y acompañeron à ellos sus esclavos. Y salió שרה tambien con ellos y trabó à יצחק su hijo y

---

[1]) Prenismo (פרינייזמו) zuweilen plenismo ist in denselben Büchern die Uebersetzung von תמים, תם, vollkommen, Prenismidad für Vollkommenheit. Die ferrarensische Bibel hat dafür gewöhnlich perfecto und perfeccion, an einzelnen Stellen (Gen. 6,9; 17,1; 25,36) plenismo und (Gen. 20,5. 6) plenismedad.

[2]) statt Privadlo wie oben Alabaldo (cf. Diez, romanische Grammatik 3. Aufl., Bd. II, 173).

[3]) Wahrscheinlich ein von „provar" gebildetes Wort für „Versuchung" — נסיון.

[4]) Ein — in den Wörterbüchern fehlendes — von alzar gebildetes Hauptwort, als Uebersetzung des Wortes עלה Ganzopfer von עלה steigen, ebenso ist allegaçion = Opfer von קרבן (הקריב) von allegare gebildet.

[5]) Amostrar ist die in den hebräisch gedruckten Schriften gebräuchliche Form für mostrar.

[6]) Anvisar wird hier für „lernen" — gewöhnlich für lehren — gebraucht.

[7]) אנגאק ist ohne Zweifel das türkische Angâk (اَنْجَاق) = nur, jedoch.

lo abrazó y lo besó y empezó (אינפיסו) por llorar (ייוראר) mas, y dixo שרה: El dio בּה sabe si terne ventura verte mas tu cara. Y lloraron mas אברהם y שרה y toda la compañia y tornó שרה con sus esclavos en casa.

Hierauf folgt die Erzählung von Satans Versuchen, sowohl Abraham als auch Isaak von ihrem Vorhaben abwendig zu machen, wie auch, dass Abraham am dritten Tage eine Feuersäule — pilar de fuego — sieht, die von der Erde bis zum Himmel reicht, sowie eine dichte Wolke und die Herrlichkeit Gottes auf dem Berge. Auf seine Frage antwortet Isaak, dass er dasselbe sehe, während ihre beiden Begleiter, Eliezer und Ismael, antworten, dass sie weiter nichts sähen als einen Berg, worauf Abraham zu ihnen sagt, sie sollten zurückbleiben.

Y tomó אברהם los leños[1]) para קרבן y los puso sobre יצחק y tomó lumbre y el cuchillo y anduvieron à el lugar el este. Y dixo יצחק à su padre: Yo veo chuego (חואיגו)[2]) y leños y adó esta el carnero por קרבן עולה? Y dixo אברהם à יצחק su hijo: Mi hijo in te escogó A. por קרבן en lugar de el carnero. Y dixo יצחק à אברהם: Todo lo que comandó הש״ית lo recibio con alegria de coraçou ... ברוך ה׳ que enveluntó[3]) in me היום por קרבן עולה. Y se alegró אברהם mucho de palabras le su hijo, y vinieron los dos al lugar que habló A. y empezó por fraguar à el מזבח, y יצחק le daba en su mano piedras y ludo hasta (אסטה) que escaparon de fraguar. Y tomó אברהם à los leños y los ordinó alli, y tomó a יצחק su hijo y lo ató por ponerló encima los leños por degollarlo delante A. Y dixo יצחק à su padre: Mi padre ata me apretente[4]) y despues

---

[1]) Leños, Hölzer, ist der Plural von leño, entsprechend dem עצים. Die ferraresische Bibel hat leñas, als Plural von leña, welches Wort als Collectivum das gewöhnliche Wort für Holz ist.

[2]) Eigenthümlich ist חואיגו statt des gewöhnlichen פואיגו, wie ähnlich hijo, hablar statt fijo, fablar. Der Wechsel zwischen F und Ch zeigt sich auch in den niederdeutschen Wörtern Lucht (Luft), Kracht (Kraft) u. a. (cf. Grimm, Geschichte der deutschen Sprache, 2. A., p. 245).

[3]) אינבילונטו. Envoluntar, welches Wort im Spanischen fehlt, ist die gewöhnliche Uebersetzung von רצה, wollen; die in hebräischen Lettern gedruckten Schriften haben dafür enveluntar.

[4]) Apretente, das wohl so viel wie fest bedeutet, fehlt in den spanischen Wörterbüchern.

me pornas en el (אֵינִיל) מִזְבֵּחַ, que no me puede mencar de miedo del cuchillo y me esbiblaré[1] קָרְבָּן, y hizo אַבְרָהָם ansi. Y dixo יִצְחָק mas à su padre: En la hora que me degolles y me quemas toma un poco de mi ceniza y llevar llevalo à שָׂרָה mi madre y le dices: Esto quedó de יִצְחָק por Guesmo (גוּאֵיזְמוֹ) angak no le hables estas palabras quando esta a la boca del pozo o in lugar alto, porque se echa de alli abaxo. Y dixo יִצְחָק mas à su padre: Apresura y degollame y haz voluntad de nuestro Dio como te encomendo. Y lloraron ambos, y el coraçon tenian alegre por hazer la מִצְוָה de הַשֵּׁ״י. Y ató אַבְרָהָם à יִצְחָק su hijo, y lo puso en el מִזְבֵּחַ encima los leños y espandio[2]) su mano y tomo el cuchillo por degollar à su hijo.

Es wird alsdann erzählt, wie die Engel des Erbarmens Gott um Schonung Isaak's anflehen und wie Gott hierauf dem Abraham zuruft, seinem Sohne kein Leid zuzufügen.

Am Schlusse des Buches (f. 132^b) findet sich folgendes:

Por no dexar el papel vacio hizo estas complas[3]) por la noche de אלחאד.[4])

1. El Dio alto con su gracia — nos (מוֹס)[5]) mande mucha ganancia — no veamos mal di ansianos — nos y todo יִשְׂרָאֵל.

2. O Dio apro tus cilleros — y da nos (דַּאמוֹס) muchos dineros — que siempre di te esperamos — que eres santo y fiel.

3. Rogo al Dio de contino — que este es en nuestro tino — no nos manque[6]) pan ni vino — à nos y à todo יִשְׂרָאֵל.

4. Vos que soys padre רַחֲמָן — mandanos el pastor נֶאֱמָן — que nos sia en buen כִּימָן — á nos y a todo יִשְׂרָאֵל.

5. Danos, Señor, tu bendicion — con la buena condicion — amostranos tu salvacion — de בֵּית הַמִּקְדָּשׁ אֲרִיאֵל.

---

[1]) E-biblar (אִיסְבִּיבְלָאר), welches Wort in den spanischen Wörterbüchern fehlt, ist in den mit hebräischen Buchstaben gedruckten Schriften die Uebersetzung von חלל, entweihen. Die ferrarensische Uebersetzung hat dafür abiltar (spanisch aviltar), die anderen profanar.

[2]) Espandir ist das altspanische Wort für extender.

[3]) Complas (קוּמְפְלָאס oder קוּנְפְלָאס) ist in den hebräisch gedruckten Büchern für Coplas gebräuchlich.

[4]) אלחאד ist ohne Zweifel das neuarabische الحد = Sonntag (Humbert Guide p 252) ähnlich dem hebräischen יוֹם א. Es ist also der Abend am Ausgang des Sabbath gemeint, an welchem auch im Abendlande für eine glückliche Woche gebetet wird.

[5]) Auch hier steht durchaus mos, muestro für nos u. s. w.

[6]) Mancar ist altspanisch für faltar, ebenso abastar (Str. 7) für bastar.

6. Rogemos noche y dia — que nos dé gozo y alegria — con toda la compañia — à nos y a todo ישראל.

7. Y ya es bien abastado — lo que habemos[1]) pasado — mandanos à el untado — מישיח ישראל אליהו וגבריאל — מיכאל שר — ישראל — nos venga con el גואל — à salvar à ישראל.

אלה תלדות בני ישראל.
Biblische Geschichte.

Der Titel dieses — in hebräischen Buchstaben gedruckten — Buches lautet:

אלה תלדות בני ישראל o cinquenta y dos cuentas tiradas del בר" para el uso de escuelas y familias, con grabados. Trasladado del Aleman con adiciones. Constantinopla 5614 (1854).

Der Titel „Biblische Geschichte" ist in deutschen Buchstaben auf dem Einbande meines Exemplars gedruckt.

Im Folgenden gebe ich einen Theil der Vorrede (p. 3 f.).

El muy estimado escritor de estas cuentas no solamente habiendonos dado licencia de trasladar esta obra, sino tambien nos ha ajudado con los grabados y casi el gasto entero. Con el major gozo es que presentamos à la casa de ישראל este librico en la lengua Española.

Todos los que aman la palabra de Dio desean por cierto que sus hijos y hijas y todo el gerenancio venidero sean bien anvisados desde el mismo amanecer del entendimiento in aquel santo tresoro que nos enforma de ה́, de su santidad y su maravillosa merced escuentra los pecadores y que se hagan, conocidos, por hablar ansi, con aquellos santos barraganes de la creencia que anduvieron delantre de nos en los caminos de la obediencia y del amor y que agora estan heredantes los promesas que habian visto y creido, dejandonos un ejemplo que andemos en sus patadas . . . .

Aus der Geschichte Joseph's.

p. 40. Y dixo פרעה a יוסף: Yo soy פרעה, y sin tu licencia no alçara ninguno su mano ni su pie en toda la tierra de Egypto. Ansi llevó y enalteció Dio à יוסף; de la casa de su padre en el pozo, del pozo en la esclavitud, de la esclavitud en la carcel, de la carcel en el palacio del rey.

---

[1]) Habemos — statt hemos — ist ebenfalls altspanisch (cf. Diez, Romanische Grammatik, 3. A., II, 173)

Para Dio son cosas chicas
Nadas para su poder,
Abajar al fuerte ricco
Y al mesquino enaltecer
El es hazien miravillas
Que esto sabe por hazer.

Aus dem B. Ruth.

(p. 94.) Cuando llegó נעמי otra vez à בית לחם apenas la conocieran la gente mas y decian: ¿ Es esta נעמי? Habló ella: Non me llameis mas נעמי (porque quiere decir la alegre), llamadme amarga, rica salí yo y pobre me truxo A. otra vez en mi patria.

Era entonces la siega de las cebadas, y anduvo רות al campo para recoger las espigas, y llegó à los segadores de un rico hombre llamado בועז, el cual era de la linaje de su marido muerto. Y cuando vino בועז a sus segadores demandó quien fuera la moça. Sobre esto habló amistosamente con רות y dixo: Ya oi todas las cosas que hiziste con tu suegro despues de la muerte de tu marido. El Dio de ישראל, à quien eres venida te galardone tu hecho. Encomendó tambien à su gente, que se portaran amistosos con la Moabita y le dejaran caer muchas espigas.

Obschon in diesem Buche — wie aus dem oben mitgetheilten Specimen ersichtlich ist — durchaus ein moderner Styl herrscht, wie denn auch keine hebräischen Wörter und Redensarten vorkommen, so ist die Schreibweise einzelner spanischer Wörter doch dieselbe wie in den mit hebräischen Buchstaben gedruckten Büchern, wie generancio für generacion, delantre u. a. m.

Ein sephardischer Pismon (liturgisches Gedicht).

עת שערי רצון להפתח.

Die Einzelheiten, mit denen im S. hajaschar — zumeist nach dem Midrasch — die Erzählung von der Opferung Isaak's ausgeschmückt wird, findet sich ganz ähnlich in einem Pismon des sephardinischen Ritus (Schacharit Rosch haschana und Minchah Jom Kippur), der ebenfalls die Opferung Isaak's erzählt (eine s. g. Akedah) Judah b. Samuel Abbas zum Verfasser hat und, wie Geiger bemerkt (Divan des Jehuda ha-Levi p. 42 und 144) grosse Berühmtheit und zahlreiche Nachahmung gefunden hat. Derselbe beginnt mit den Worten עת שערי רצון להפתח und hat den Refrain העוקד והנעקד והמזבח.

Derselbe Pismon findet sich übrigens auch im Ritual der Karäer (סדר תפלות הקראים, Wien 1854, Bd. IV, p. 210) und zwar steht derselbe unter den תפלות בירושלים, (d. h. Gebete für Pilger nach dem heiligen Lande) und ist beim Anblick des Berges Moriah zu sagen.

Im Folgenden gebe ich die spanische Uebersetzung dieses Pismon nach dem (oben p. 20 erwähnten) מחזור, Orden de Roshasanah y Kipur, Maguntia 5344.

(f. 64ᵇ f.) Hora, puertas de voluntad para séer abiertas, dia (que) seró mis Palmas à Dio estendien, ruego, miembra agora à mi en dia de castigar.

Atan, y el atado, y la ara.

En postrimeria que provado en fin de las diez: El hijo que fue nascido à ti de Sarah[1]), si tu alma en el fasta mucho[2]) ligada: elevantate, alçalo à mi para alçacion clara, sobre monte que honra à ti esclareciente.[3])

Atan, y el atado, y la ara.

Dixo à Sarah: Que tu cobdiciado Ishac resció, y no deprendió servicio del cielo[4]) andaré y amostrarlehe lo que à el el Dio estableció. Dixo ella: Anda Señor, empero no te alexes. Respondió: Sea tu coraçon en el Dio confiante.

Atan, y el atado, y la ara.

Madrugó y amañaneó para andar por la mañana con dos sus moços. Dia el tercero allegaro al (lugar) requerido, y vió semejança de honra, y loor, y gloria, paróse y consideró para engrandescerse.[5])

Atan, y el atado, y la ara.

Supieron sus moços que los llamó por dezir, luz si vistes que hermolleció en cabeça de monte de almisque?[6]) y dixeron: No veemos, salvo hondura. Respondio: Estad aqui, y yo y el moço para alabarse.[7])

Atan, y el atado, y la ara.

---

[1]) Im Original: בְּאַחֲרִית נָפָה בְּסוֹף הָעֲשָׂרָה ۰ הַבֵּן אֲשֶׁר נוֹלַד לְךָ מִשָּׂרָה. Es sind die Worte Gottes an Abraham. Gen. 22, 2.

[2]) עַד מְאוֹד.

[3]) עַל הַר אֲשֶׁר כְּבוֹד לְךָ זוֹרֵחַ. Der letzte Satz einer jeden Strophe bildet einen Reim mit dem darauffolgenden Refrain הָעוֹקֵד וְהַנֶּעֱקָד וְהַמִּזְבֵּחַ.

[4]) חֲמוּדְךָ יִצְחָק ۰ גָּדַל וְלֹא לָמַד עֲבוֹדַת יִצְחָק . . . .

[5]) עָמַד וְהִתְבּוֹנֵן לְהִמָּשֵׁחַ.

[6]) הַר הַמּוֹר.

[7]) וַאֲנִי וְהַנַּעַר לְהִשְׁתַּטֵּחַ.

Anduvieron ambos ellos para fazer en la obra, y respondió Yshac á su padre assi: Mi padre, vee fuego y leñas de ordenança, à dó (mi señor) carnero que como derecho, si tu en dia este tu ley olvidante.¹)
Atan, y el atado, y la ara.

Y respondió su padre: En Dio bivo esperança, que el el que veerá alçacion el carnero, sabe, todo lo que envolunta el Dio, faze, fraguemos mi hijo oy delante el silla, entonces enxalçara sacrificio, y el sacrificante.²)
Atan, y el atado, y la ara.

Batieron en puertas de piadades para abrir, el hijo para seer sacrificado, y el padre para sacrificar, esperantes à Dio, y à sus piadades para confiar, y esperantes en A. mudaran fuerça,³) requirieron en heredad del Dio para ayuntarse.
Atan, y el atado, y la ara.

Aparejó leños de alçacion con forteza y fuerça, y ató Ishak como su atar barvez, y fue luz de dia en sus ojos noche, muchedumbre de sus lagrimas destillantes con fuerça, ojo con amargura llorante, y coraçon alegre.⁴)
Atan, y el atado, y la ara.

Fablad à mi madre que su gozó se voltó, el hijo que parió à noventa años fue para fuego y para cuchillo dadiva, a dó buscaré a ella conortador, adó? angustia à mi por mi madre, que llorara y se lamentara.
Atan, y el atado, y la ara.

De cuchillo se conturba mi fabla, ruego, aguza, mi padre, y à mi atamiento fortifica, y hora de encender encendimiento en mi carne, toma contigo el remaneciente de mi ceniza, y dize, será esta por Ishak olor.⁵)
Atan, y el atado, y la ara.

Y gritaron todos Angeles de quatregua, Ophan y Seraph demandantes con voluntad apiadantes al Dio por señor de fonsado, ruego dá redencion, y precio dá, no agora sea el mundo sin Luna.⁶)
Atan, y el atado, y la ara.

---

¹) הָאֵת בְּיוֹם זֶה דַּתָּךְ שׁוֹבַח.

²) נִבְנֶה בְּנִי הַיּוֹם לִפְנֵי כִסֵּא · אוֹ יֹאמַר זֶבַח וְהַזּוֹבֵחַ.

³) קוֵּי ה' יַחֲלִיפוּ כֹחַ.

⁴) עַיִן בָּכֹה בוֹכָה וְלֵב שָׂמֵחַ.

⁵) וְאָמֹר לְשָׂדֶה זֶה לְיִצְחָק רֵיחַ.

⁶) אַל נָא יְהִי עוֹלָם בְּלִי יָרֵחַ.

Dixo a Abraham Señor de cielos: No tiendas mano a tercero de luzes[1]) tornad a paz, angeles reales Dia este merescimiento a hijos de Yerusalaim, en el pecado de hijas de Yahakob yo perdonante.
Atan, y el atado, y la ara.

A tu panto[2]) morante moradá y puramiento miembra a compaña lempesteada y llagada, y oye tanedura que tañe y aublacion, y dize a Cyon, vino tiempo de la salvacion, Ynoch y Eyliah[3]) yo embian.
Atan, y el atado, y la ara.

סליחות כמנהג ק״ק ספרדים יצ״ו

נדפס פה ביענה שנת בה׳ר׳ה׳ ע״י יוסף יצחק אלשיך ואשתו רבקה לזכרון אבותם.
Darauf folgt:

סליחות con ladino se estamparon la prima vez en Vienna en año 5625. Este libro es hallado (אייאדו) solo ende Señor (כ״ט) יוסף יצחק אלשיך ה״י en Vienna y el recabdo por ello es en favor de גמילות חסדים. Darauf folgt in deutschen Lettern:

Wien 1865. Selbstverlag von J. J. Alschech. Nachdruck vorbehalten.[4])

F. 39ᵃ. תוכחה לם׳ דוד פארדו זל׳.
לחן,[5] אומברי אין קי טילו קונטיינים.

Castigerio en la voz hombre en que telo contienes. Diese Ermahnung ist hebräisch mit Ladinoübersetzung, der letzte Satz einer jeden Strophe enthält einen Bibelvers, dessen Schlusswort הארץ ist. Im Folgenden gebe ich einige Strophen derselben.

Tu hijo de hombre alto de espirito, vientre llena como olla[6]) ferventiado, sobre qui tu coraçon enfiuziado, que empezastes por seer baragan en la tierra.[7])

---

[1]) שליש אורים, wahrscheinlich als einer der drei Patriarchen.

[2]) Panto, hier Uebersetzung von ברית, Bündniss, fehlt in den Wörterbüchern. Vielleicht Druckfehler für pacto?

[3]) ינון ואליה אני שולח. Das ינון שמו, לפני שמש ינון שמו, Ps. 72,17 wird Pesachim 54ᵃ auf den Messias bezogen.

[4]) Soll wohl besagen, dass nur der Herausgeber zum Wiederabdruck des Buches berechtigt ist.

[5]) לחן ist das arabisch-türkische Lachn (لحن), Melodie. Das Wort kommt in dieser Weise — als Ueberschrift von Gesängen — sehr oft vor.

[6]) Im Original: בטן מלא סיד נפוח.

[7]) Im Original: החל להיות גבור בארץ, nach Gen. 10, 8.

Si tu cuerpo grande de mucha fuerza, ande de escuentra de hijo de reposo,¹) qui tambien el su cabo desdichado, anda carrera de toda la tierra.

Si tu cencia fue engrandecida, quando honrado mas de tu fue קהלה, con todo esto non tuvo ningun provecho, que y a el selo llevo ta tierra.²)

Si tus hijos quando se muchiguaron, como plantas hermosas se afermosiguaron, en punto subito ellos son atemados, por pecado los englutió la tierra.³)

Non oygas palabras de la teniebla, el שטן el מלאך המות que te llevara a casa de muerte,⁴) a la foya debaxo de la tierra.

Hasta quando tu alma adormecida, cata al dia que sera isolada, por mano de estraña espada vengan el חוי morador de la tierra.⁵)

Pesach-Hagada.

Von der הגדה של פסח besitze ich zwei Uebersetzungen.

1) סדר הגדה של פסח עם פתרון בלשון ספרדי עם במה צורות על כל האותות והמופתים וגו׳.

Livorno 5648 (וישאלה אשה) = 1888.

Die Uebersetzung ist in vocalisirter hebräischer Quadratschrift gedruckt.

Wie auf dem Titelblatte bemerkt wird, hat diese Ausgabe (die auch die synagogalen Gebete für beide Abende enthält) viele Abbildungen. So finden sich 8 kleine Illustrationen zu jeder der häuslichen Vorbereitungen für das Pesachfest, 10 desgleichen zu jedem Worte des Versus memorialis קדש ורחץ וגו׳, sowie zu jeder der 10 Plagen. Dem Texte der Hagada sind 25 Abbildungen beigegeben.

2) סדר הגדה של פסח עם תרגום לאדינו וגו׳, Wien 5611 (1851).

Der Hagada vorher geht ein theilweise übersetztes תקון פסח, sowie drei Gebete kabbalistischer Art.

---

¹) Im Original: בן מנוח d. h. Simson.
²) כי נשא אותו הא״ץ.
³) על חטא הבלעמי ארץ.
⁴) Es ist das — nach einem bekannten Spruch הוא שטן הוא יצה״ר הוא מלאך המות — zugleich die Erklärung der Textworte: לא השמע דברי צלמות.
⁵) התחוי יושב הארץ, wie es scheint Wortspiel mit חיוי, Schlange (Wurm).

Das Folgende ist der Ausgabe von Livorno entnommen.

הא¹) Este el pan de la aflicion²) que comieron nuestros padres en tierra de Egypto (אֵגִיפְטוֹ). Todo quien tiene fambre³) venga y coma, todo quien tiene de minister venga y pascue. Este año aqui, a el año el el venidero en tierra de ישראל. Este año aqui siervos, a el año el venidero en tierra de ישראל hijos foros.⁴)

מה. Quando fue demudada la noche la esta mas que todas las noches? Que en todas las noches no nos entenientes אֲפִילוּ vez una y la noche la esta dos veces; que en todas las noches nos comientes leudo (לֵייבְּדוֹ)⁵) y cencenia y la noche la esta todo cencenia, que en todas las noches nos comientes resto de verduras, y la noche la esta amargura, que en todas las noches nos comientes y bebientes tanto asentados y tanto rescobdados,⁶) y la noche la esta todos nos rescobdados.

(Y tornaran el plato y diran):

עֲבָדִים. Siervos fuimos à פַּרְעֹה en Egypto y saconos A. nuestro Dio de alli con poder fuerte y con braçe tendido, y si no hubiera sacado el santo bendicho el à nuestros padres de Egypto aun nos y nuestros hijos, y hijos de nuestros hijos sugetos⁷) fueramos a פרעה in Egypto, y aun que todas nos sabios, todos nos entendidos, todos nos sabientes à la ley, encomendanza sobre nos por recontar in salida de Egypto, y todo el muchiguan por recontar en salidura de Egypto eg (אִיגּ) este alabado.

מַעֲשֶׂה. Acontecimiento en רבי אלעזר y רבי יהושע y רבי אלעזר hijo de עזריה y רבי עקיבא y רבי טרפון que eran arescobdados in

---

¹) הא. Ebenso in den beiden anderen Ausgaben, nicht בהא.

²) Aflicion (afliccion), in der Wiener Ausgabe — wie in allen hebräisch gedruckten — steht dafür Afreision (אַפְרִיאַסִייוֹן), derselbe Unterschied ist bei dem Zeitworte עִנָּה, afligir und afréir. De Oliveyra übersetzt dasselbe mit alléir (welches Wort in seinem WB. steht), vielleicht ist daraus — mit Vertauschung von l und r — afreir entstanden.

³) Fambre, forro, fasta, fazer, wie überhaupt die älteren mit F statt mit H anlautenden Wörter — kommen nur in dieser Ausgabe vor.

⁴) horros (הוֹרוּש) in den anderen Ausgaben.

⁵) לֵייבְּדוּ ist die in den hebräisch gedruckten Büchern gewöhnliche Form statt leudo. Bei Sanchez wird Liebdo als altspanisch angeführt.

⁶) Rescobdar, sich anlehnen, findet sich in keinem spanischen Wörterbuche.

⁷) Sugetos, welche Form auch Covarubias gibt, statt Sujctos.

בְּנֵי בְרַק ¹) y eran recontantes in salidura de Egypto toda aquella noche fasta que venieron sus disipulos ²) y dixeron à ellos: Nuestros maestros, allegó tiempo de meldadura de שְׁמַע de la mañana.

אָמַר. Dixo רבי אלעזר hijo de עֲזַרְיָה: Decierto yo como de edad de setenta años y no merici ³) que fuese dicha (הִגָּדָה) salidura di Egypto en las noches fasta que darschó (בְּדְרְשׁוֹ) ⁴) hijo de זוּמָא, que ansi dize el פָּסוּק: Por que membras à dia de tu salir de tierra de Egypto todos dias de tus vidas, dias de tus vidas los dias, todos dias de tus vidas, las noches, y חֲכָמִים dizientes: Dias de tus vidas, el mundo el este, todos dias de tus vidas, por traer à dias del מָשִׁיחַ.

בָּרוּךְ. Bendicho el Criador, bendicho el. Bendicho el que dió la ley à su pueblo יִשְׂרָאֵל, bendicho el. Escuentra cuatro hijos fabló la ley, uno sabio, y uno malo, y uno plenismo y uno que no sabe por demandar.

חָכָם. Sabio que el dizien? Que los testamentos y los fueros y los juizios que encomendó A. nuestro Dio à vos? Tambien tu di à el como ordines del Pesach no dexaran despues del פֶּסַח אֲפִיקוֹמֶן.

רָשָׁע. Malo que el dizien? Que el servicio el este à vos? A vos y no à el, y porque sacó a su mismo de la conclusion negó en el principal, ⁵) tambien tu faz crujir à sus dientes y di à el: Por este hizo A. à mi in mi salir de Egypto, à mi y no à el, y si fuera alli no fura redimido.

תָּם. Plenismo que el dizien? Que este? Y diras à el: Con fortaleza de mano nos sacó A. de Egypto, de casa de siervos.

וְשֶׁאֵינוֹ. Y el que no sabe por demandar tu empeza à el, que ansi dize el פָּסוּק: Y denunciaras à tu hijo en el dia el este por dezir: Por esto hizo A. à mi en mi salir de Egypto, podria ser desde רֹאשׁ חֹדֶשׁ, aprendimiento por dezir en el dia el este, si en el dia el este podria ser en mientras dia, aprendimiento por dezir esto, por esto, no dize salvo en ora que cencenia y amargura puestos deluntre de ti.

---

¹) Die Wiener Ausgabe hat: que eran ariscobdados con cabezales debroslados — also: die sich auf gestickte Kopfkissen anlehnten.

²) Die Wiener Ausgabe: sus תַּלְמִידִים ebenso Nuestros Señores חֲכָמִים.

³) Die Wiener Ausgabe: Non tuve זְכוּת.

⁴) Darscho, ein vom Worte דָּרַשׁ, auslegen, gebildetes Zeitwort, im Jüdisch-deutschen „darschenen".

⁵) Wiener Ausgabe: Y porque sacó a si mismo de el כְּלָל, cafró en el עִיקָר. Cafro ist ein von כָּפַר, läugnen (ar. كفر) gebildetes Zeitwort.

מִתְּחִלָּה. De principio servientes idolatria [1]) eran nuestros padres, y agora nos allegó el criador à su servicio, que ansi dize el פָּסוּק: Y dixo יהושע à todo el pueblo: Ansi dize A. Dio de ישראל: En parte del rio estuvieron vuestros padres desde siempre, תרח padre de אברהם y padre de נחור y sirvieron dioses otros.

וָאֶקַּח. Y tomé a vuestro padre à אברהם, de parte del rio y llevé à el por toda la tierra de כנען, y muchigué à su semen y di à el à יצחק, y di à יצחק à יעקב y à עשו, y di à עשו el monte de שעיר por heredar à el, y יעקב y sus hijos descendieron a Egypto.

Bendicho guardan su fiucia [2]) à ישראל, bendicho el, que el Santo — bendicho el — contan à el fin, por fazer lo que dixo à אברהם nuestro padre entre los esparmientos, que ansi dize el פָּסוּק: Y dixo à אברהם: Saber sabras que pelegrino sera tu semen en tierra que no a ellos. y sugetarlosan, y afligiran à ellos cuatrocientos años y tambien à la gente que serviran juzgan yo, y despues ansi salieran con ganancia grande.

וְהִיא. Y ella la que estuvo à nuestros padres y à nos, que no uno solamente estuvo sobre nos por atemarnos, salvo que in cada generancio [3]) y generancio estantes sobre nos por atemarnos y el Santo, bendicho el, nos escapó de sus manos.

Es mögen hier noch einige der Unterschriften unter den erwähnten Abbildungen folgen.

Zur Illustration der häuslichen Vorbereitungen gehört ein kleines Bild, das eine Frau vorstellt, die vor dem Herde stehend, mehrere Geräthe in der Hand hält. Darunter die Worte:

La buena muger que va kaschirando (כשיראנדו) su לוסיה. Das erstere Zeitwort entspricht dem jüdisch-deutschen Kaschern, Koscher (כש־) machen. לוסיה kann ich nirgends finden.[4])

Ein anderes Bild, eine vor einem Kasten sitzende Frau hat die Unterschrift:

---

[1]) Wiener Ausgabe: Sirvientes עבודה זרה.
[2]) Fiucia altspanisch für Confidenza.
[3]) Generancio und gerenancio steht statt generacion.
[4]) Die entsprechende Abbildung in der weiter unten zu erwähnenden jüdisch-arabischen הגדה hat die Unterschrift: Diese Frau steht im Begriff die Kräuter für פסח zu waschen (האד אלמיה קעדא תגסל אלבצרה מתע פסח), was aber hier nicht gemeint sein kann.

Esta otra que haze פסח á la casa y nada de חמץ dientro le dexa.¹)

Die zum Text der Hagada gehörenden Abbildungen haben u. A. folgende Unterschriften:

La הגדה dizen cada uno, y abren la puerta a el mesquino.
La mucha afliccion y lazeria y apretamiento
Que in Egypto los daban con grande tormento.
משה in un arca a el rio fue echado
Y de la hija de פרעה fue tirado
(דבר, Mortaldad.) Las בהמות de los מצריים murieron
Y las de Judios todas vivieron.
Las ranas que in Egypto hubieron
Sobre las personas sabieron.
Animalis malas y serpientes y mistura
Que in Egypto fue contra natura.
Pedrisco encompañade con fuego
Y consumio los מצריים luego.
Tres dias de tiniebla y escuridad
Y los Judios con gran claridad.
Por los primogenitos todos lloraban
Que muertos la mañana los hallaban.
Los מצריים con lemuño y Negregura²)
Y ישראל alegres y con buena figura.
Demonios³) deputados sobre los elementos
Para dar a מצרים penas y tormentos.
משה con la vara parto a la mar
Para que ישראל podiesen pasar.

---

¹) Dasselbe Bild in der erwähnten הגדה, mit der Unterschrift: Diese Frau sucht das חמץ in dem Kasten מן האד אלמרה קערה תפתש אלבמי אל סנדוק.

²) Negregua ist kein spanisches Wort, sondern von negro, das einen hohen Grad des Unglücks und der Traurigkeit bezeichnet, gebildet.

³) Zu משלחת מלאכים רעים. Es sind das Teufel, wie sie gewöhnlich abgebildet werden, mit Hörnern, Schwänzen und Krallenfüssen, die allerlei Schaden anrichten. Einer bläst Feuer aus seinem Munde.

Eine jüdisch-arabische Hagada.

Es sei gestattet, hier eine jüdisch-arabische הגדה zu erwähnen, mit dem (übersetzten) Titel:

הגדה mit Uebersetzung in arabischer Sprache für den Gebrauch der Gemeinde Tunis (Gott schütze sie), mit Abbildungen der Dinge und Wunder, die unseren Vätern beistanden in Aegypten und am Meere, sowie ... סדר קדש, Alles in sehr schönen Buchstaben. Die Abbildungen mit ihren Erklärungen sind dem Español entnommen.

Diese הגדה ist ebenfalls in Livorno i. J. 5629 (1869) gedruckt und zwar in demselben Verlag wie die im Vorhergehenden besprochene, der sie durchaus ähnlich ist, wie sie auch dieselben Abbildungen hat.

Zu bemerken ist, dass wenig hebräische Wörter in der Uebersetzung vorkommen, hebräisch sind: הקבּ״ה, קריאת שמע und פסוק in ראב אשחר, arabisch: מצר statt מצרים, סבּה statt שבּת, ביף קאל אלפסוק statt ראש הדש, die arabische Form תלאמדהם statt תלמידיהם.

Ebenso wie das darschó, דרשו in der Stelle עד שדרשה בן זומא heisst es auch in dieser Hagada: חתא אלדי דרשהא ולד זומא, vom hebräischen דרש. Auch طريق ارض für דרך ארץ scheint eine Nachbildung des hebräischen Ausdrucks zu sein.

שהיו מסובין בבני ברק wird auch hier, wie in der Wiener Ausgabe, übersetzt, die gestützt waren auf seidenen Kopfkissen — אלדי כאנו מתכיין פי מכאדר אחריר. (Wie übrigens Herr Dr. Ehrentreu mir mittheilt, findet sich diese Erklärung von בני ברק auch im Commentar des Abravanel.)

Pirke Aboth.

Von den Uebersetzungen der Pirke Aboth besitze ich vier Ausgaben.

Die erste Uebersetzung — ohne Text — ist enthalten in dem — bereits erwähnten — מחזור de las oraciones del año. Amsterdam 5410.

Die zweite Uebersetzung findet sich in einem Gebetbuche, das den Titel führt:

סדר תפלות לחדשים ולמועדים .... והוספנו על הראשונים פרקי אבות
עם לעז ספרדי.

Gedruckt wurde das Buch in Florenz (פֿירינצי) unter der Regierung von Juan (Giovan) Gastone de Medici (יואן גֿאסטוני די מידיצֿי) i. J. 5496 = 1736.

Die Uebersetzung ist in lateinischen Lettern gedruckt, sonst findet sich keine Uebersetzung in dem Buche.

Die dritte Ausgabe — Text und Uebersetzung — ist besonders gedruckt unter dem Titel:

סדר פרקי אבות עם תרגום לאדינו... ונלוה אליו פתיחה משפעת רביבים הוא שמע מהרב... כמוהֿ דוד פארדו זצלֿ
Wien i. J. 5612 (ברית) = 1852.

Die vierte Ausgabe — Text und Uebersetzung und ebenfalls besonders gedruckt, die Uebersetzung in Raschischrift — hat den Titel:

מסכת אבות עם לאדינו ופירוש הרב רבינו משה בר מימון הספרדי הנקרא הרמבם.
Belgrad 5628 (תברכו) = 1868.

Die Uebersetzung in dieser Ausgabe stimmt mit der in der vorhererwähnten (Wien 1852) durchaus überein.

Das Folgende ist der Amsterdamer Ausgabe entnommen.

Perek primero.

Todo Israel tiene parte en el mundo venidero como es dicho, y tu pueblo todos ellos justos, para siempre heredaran la tierra. Ramo de mis plantas, hechura de mis manos para ser glorificado.

1. Mosseh recibio la Ley de Sinay, y la entrego a Jeosuà, y Jeosuà a los viejos, y los viejos a los profetas, y los profetas la entregaron a los varones de la congregacion la grande. Ellos dixeron tres cosas, sed vagarosos en dar sentencia, constituid muchos discipulos y hazed vallado a la Ley.

2. Simhon el justo, era de los que quedaron de la congregacion la grande. El dezia por tres cosas el mundo se sostenta: por la Ley, por los sacrificios y por la caridad.

3. Antigonos patricio de Sohó, recibió de Simhon el justo el dezia: No seays como los siervos, que sirvon a su Señor con intencion de recebir salario, mas sed como los siervos, que por amor sirven a su señor, sin intencion de recebir salario, y sea el temor del Criador sobre vosotros.

4. Joçé hijo de Johezer patricio de Cereda, y Joçé hijo de Johanan patricio de Jerusaleim, recibieron del. Joçé hijo de Johezer dize: sea tu casa Academia a los sabios, y abraçate en el polvo de sus pies, y beve con sed de sus palabras.

5. Joçé hijo de Johanan patricio de Jerusalaim dize: sea tu casa abierta liberalmente a todos, y sean los pobres como gente de

tu casa, y no multipliques palabras con muger. Con la muger proprio dixeron, quanto mas con muger del proximo. De aqui dixeron los sabios, todo el que multiplica palabras con muger, acarrea mal para si, y se priva de palabras de Ley y por fin hereda el Infierno.

6. Jeosuà hijo de Perahia y Nitai el Harbelita recibieron destos. Jeosuà hijo de Perahia dize: elige a ti maestro, y adquicrete compañero, y juzga todo hombre a parte de merecimiente.

9. Nitai Harbelita dize, apartate de mal vezino, no te acompañes con el malo, y no quites de ti el recelo del castigo.

8. Jehudà hijo de Tabay, y Simhon hijo de Satah recibieron destos; Jehudà hijo de Tabai dezia: No te hagas como abogador que qualquiera parte justifica: y quando estuvieron las partes delante de ti, sean en tus ojos como reas, mas quando se dispidieren de ti, sean en tus ojos como justos, pues que reciben sobre si la sentencia.

9. Simhon hijo de Satah dezia: Examina mucho los testignos, y se advertido en tus palabras, no sea que dellas tomen ocasion de mentir.

10. Semahiah y Abtalion recibieron destos: Semahiah dize: Ama el trabajo, y aborece dignidades, y no te des a conocer a Principes.

11. Abtalion dize: Sabios sed considerados en vuestras palabras, no sea que os condeneys a captiverio, y transmigreys a lugares de aguas turbidas y hereticas, y bevan los dicipulos vuestros sucessores y mueran, y se halle el nombre del Señor profanado.

12. Hilel y Samai recibieron destos. Hilel dize: Sé de los dicipulos de Aharon, ama la paz, y mete paz, ama las criaturas, y llegalas a la Ley.

13. El dezia: El que obra por la fama, pierde la fama y el que no aprende nada, merece muerte, y el que se sirve de la corona de la Ley y nombres santos, se corta del mundo.

14. El dezia: Si yo no fuere por mi, quien sera por mi? y quando yo sea por mi, quien soy yo? y si no agora en la juventad quando?

15. Samay dize: Haz para tu Ley hora assituada, di poco y haz mucho, y recibe a todo hombre con alegre semblante.

16. Raban Gamliel dize: Haz à ti un maestro que te quite de dudas, y huye de dezmar, por estimacion sin cuenta.

עבודת השנה.

Dieses zu Belgrad 5616 (1856) gedruckte Buch ist ein Sammelwerk, da dasselbe mehrere zur Liturgie gehörige Bücher umfasst. Das hier Folgende ist ein Theil der Vorrede.

יסוד היסודות ועיקר הכל es de saber y creer que hay un Dio en el mundo y non otro como el, segun dezimos cada dia, y el crio cielos y tierra la mar y todo lo que en ella ... Non tupe culpa por mis mancuras que siendo mi דעת non con mi כי יכר יסרני יה ולמות נתנני עד בא בני הנחמד במקום פרק הנישואין לפרק הנחנקין)[1] אוי לו לאב שבך עלתה לו בימיו ... וברוך אל עליון el בן אדם mas de lo que merece ... הצעיר דוד בן משה אלקלעי.

Darauf folgt תפלת אליהו הנביא זל״ und andere ähnliche Gebete.

Ein anderes beigebundenes Buch, תשא עון, enthält u. A. Kabbalistische Gebete und Piutim von R. Js. Laria (האר״י) und seinen Schülern (גורו האר״י), abwechselnd mit Stellen aus dem Sohar und kabbalistischen Anordnungen besonders mit Bezug auf den Sabbath. Dahin gehört z. B., dass man am Freitagabend die Brote in folgender Ordnung 8○○8 auf den Tisch legen soll, es sei das secreto de לחם הפנים.

F. 180ᵇ findet sich folgendes Gebet (in hebräischer Quadratschrift) für Frauen:

Bendicho tu nuestro (מואיבטרו) Dio, rey de el mundo, que creastes todo, cielos y tierra, y mar y todo lo que en ella, y tu mantienes y gobernas a todas las crianzas que criastes en el mundo. Sia veluntad delantre de te mi Dio y Dio de mis padres que me mandes mis mantenemientos de tu mano le ancha y non de mano de בשר ודם. Bendicho tu mi Dio que non nos (מום) falta nuestro mantenemiento y non nos faltara.

F. 286ᵃ ff. findet sich folgende

כתובה)[2] ליים שני של שבועות מהרב החסיד דוד פארדו זל.״

---

[1]) Soll besagen, dass er statt zu heirathen vom Tode ereilt wurde. Aehnliche witzige Ausspielungen — die zugleich die grosse Vertrautheit mit den Originalschriften kund thun — auf die Benennung einzelner Suren finden sich bei den Arabern, so z. B. bei Hariri (2. A. p. 213). Er sagte: Leset die Sure der Eröffnung, d. h. man solle das erste Gericht auftragen, die Mahlzeit eröffnen.

[2]) Diese כתובה ist auch hebräisch und ladino — letzteres in vocalisirter hebräischer Quadratschrift — besonders gedruckt. Salonichi 5570. Sie findet sich auch in den oben erwähnten בכורים.

Es razon de alabar a el Dio grande y poderoso, con temeredad y alegria y gozo, en el dia el este santo y temeroso.

En este dia abaxo el Dio en סיני y milliares de מלאכים con el, a dar la ley a su pueblo casa de ישראל, por mano de משה רבינו, pastor fiel.

Non quiso abaxar sobre ningun monte alto, salvo en monte de סיני que se arebaxo[1]) tanto, porque deprenda el hombre y tome la ענוה por manto.

Llamo y dixo el Dio ברוך הוא a los Judios mi compañia hermosa, hazme veer a tu vista enxemplada a la rosa, que tu voz sabrosa y tu vista donosa.

ישראל que oyeron (אוליירון) la voz del Dio bendicho, dixeron estaremes siempre a su comanda y a su dicho, haremos y oyeremos su buen dicho.

Viendo el Dio ברוך הוא que lo amemos אהבה רבה, tambien el nos (מוס) aplaso como novia con grande חבה, esta es la כתובה.

Dia de שבת recibieron los Judios la ley de la mano de el Dio, a seis de סיון el mes trecero que ישראל de מצרים salio, en año de 2446 que el mundo se creo.

Hizieron estos תנאים los Judios con la ley santa: Te tomare como novia que soys de banda alta, te estimare como se estima la perla en la garganta.

בסייעתא דשמיא siempre en te mis mientes metere, y todas tus comandas yo complire, de dia y de noche con te me apegare.

Respondio la ley תמה תמימה, yo tambien te amo que soys novio de משפחה רמה, que en te envolunte mas que todo אומה y לשון.

Llevo con ella אישוגאר[2]) que truxo de casa de su padre, 613 מצות para que se afirmen mañana y tarde, para que el novio las haga y las guarde.

Importo todo entre אישוגאר y תוספת contado, que truxo la novia amado, temer a el Dis y hazer su mandado. (Folgen noch 10 Strophen.)

Das Buch enthält ferner:

סדר לשלש רגלים כמנהג ספרד בילונדראדו שנת ברית

F. 247ᵇ ist eine Stelle: סדר הקערה כפי שכתב · ערבית של פסח ·

.... Y mucho (מונגו) sea acabidado, por גאון עזינו הרב חיד"א ז"ל

---

[1]) Arebaxar, das spanische rebaxar mit vorgesetztem A. Dass der Sinai seiner Niedrigkeit wegen zur Gesetzgebung gewählt ward, findet sich Sotah 5ᵃ, auch bei den Arabern, cf. Beiträge p. 283. N.

[2]) אישוגאר bedeutet Mitgift, woher das Wort stammt weiss ich nicht.

non amostrar rabia esta noche a ninguno de los de la casa, que es
פגם גדול חו̈ ... Procure a mostrar חירות. y regla su plato como
סדר esto. Die hierauf folgende Figur veranschaulicht wie die
Ingredienzen des Abends geordnet werden sollen, und zwar bedeutet
חרוסת, הור ברפס entspricht dem נצח, זרוע entspricht der חסד u. s. w.
Darauf folgt: ספר פרקי אבות ע״ דוד משה אלקלעי בילוגיראדו תרי״ח.
Die beigefügte Uebersetzung entspricht genau der oben erwähnten, Belgrad 5628 (תברבו).

Auf dem letzten Blatt findet sich der oben p. 50 angeführte
פיוט לבוצאי שבת: El Dio alto con su gracia.

סדר תפלה כל פה.

במנהג ק״ק ספרדים י״ן עם תרגום לאדינו
Libro de תפלה con ladino, para los ספרדים Levantinos צו̈
שנת הבינם מה שידברו לפ״ק

Este libro es hallado (אייאדו) en butica del Si. Joseph Schlesinger
en Vienna. — Trecera edicion revedeata y corregiada. Wien 1891.

Die erste Seite dieses Gebetbuches enthält folgende Widmung
(wie Alles in hebräischen Lettern).

Querenciada[1]) y honrada Señora Madre מב̈ה.

Agradisca el presente que le hazemos con este libro santo y
tomelo por testimonio de nuestra querencia y grande estima.

Agradisca en este presente una prueva pequeña que reconoscemos
quando grande es el obligo que le tenemos, non solamente por las
amores desmesuradas de madre que nos dimostro, sinon tambien por
el enxemplo[2]) de honra de padre y de madre como lo vemos de ella
a sus genitores ע̈ה, y mas que todo por los grandisimos sacrificios
que hizo in apreto de su viudez por guiarnos in carera buena y en
ley y timor del Dio ב̈ה. — (Querida Señora Madre, nosotros[3]) reconos-

---

[1]) Querenciar für altspanisch aquerenciar = lieben.

[2]) Enxemplo (אינשׂימפלו) kommt zuweilen in den mit hebräischen Buchstaben gedruckten Büchern statt exemplo vor.

[3]) Nosotros kommt in den jüdischen Schriften nur selten vor, für „wir"
gebraucht man „nos", das im Spanischen nur als Plur. majestatis gebraucht
wird, wie z. B. Nos Don Felipe segundo, rey de España.

cemos que non podemos pagarle ni una de tantas mercedes אפילו con todos los tresoros¹) de este mundo.

Ma apocuremos nuestra denda con la rogativa al יש״ה, El que sia pagador de todas sus imensas bondades, El que reciba sus oraçiones y que combla los descos de su coraçon por bien אמן.

Conserve siempre su amor como hasta היום a sus muy querenciosas y muy respetosas hijos.

יעקב א׳ יוסף יצחק אלישיך ה׳

ספר פרי עץ הדר

והוא סדר טו״ בשבט.

הנדפס בויניציאה בשנת התקכ״ב. ועתה הוספנו בו קונפלאס של הרב
יאורה קלעי ז״ל הנדפבית בשאלוניקי נדפס פה בילוגראדו יע״א שנת שלום
ברכה טובה

In Raschischrift gedruckt.

הקדמה. El dia santo de טו בשבט aunque es de dias de los שובבים, no haran העניה, siendo el רה לאילנות. Y por esto usaron ישראל por mercar de todas las frutas y hazer ברכה en ellas en טו בשבט. Y dito סדר conviene el dia mas que la noche, empero resto de gente que usaron מזמן קדמון de hazerlo la noche, certo no pierden (פיידרין) siendo su entencion es לישׁ״ש. Y מנהג bueno es a los timientes de ה׳ por mercar de todas las frutas que diremos adelantre, y אפילו si no se topan en un lugar busque en otro, que lo que va a gastar es poco y su paga muncho, y con esto dimostra que aquerencia las מצות, y se te perdona (פיידרונה) lo que comio. fruta algunas vezes sin ברכה, ni primera ni prostera,²) que es בורא נפשות, que qualquier hombre no escatima a dezir la ברכה de alcabo, segun trae el רב חי״, que vido a un hombre rico que paso por el באקאל³) y tomo un fruto de los que tenia alli, y se lo comio sin ברכה ni

---

¹) Statt tesoro findet sich in diesen Büchern zuweilen tresoro, wahrscheinlich ein mundartliches Wort, wie denn diese Form auch im Französischen und in anderen von Diez (s. v. tresor) angeführten Sprachen vorkommt.

²) Prostero ist, wie oben bemerkt wurde, die in den mit hebräischen Buchstaben gedruckten Schriften gewöhnliche Form für postrero.

³) באקאל ist das türkische Bakâl — بقّال, neugriechisch μπακάλης, Fruchthändler.

primera ni prostera. Y le dixo el רב: porques comes sin ברכה?¹)
Si maravillo el נביר y le dixo: en una cosa tan poca se dize ברכה?
Y sabido es que el comer sin ברכה es עון grande que se conta como
se robara de ש"י y su pena es grande, segun trae el החסידים ס en
un hombre que murio antes de su tiempo y vino בחלום a uno de
sus parientes. Le dimando, como lo pasas en aquel mundo? Le
respondio diziendo: Sabras que en cada dio lo juzgan con דינים fuertes,
porque non apuntaba²) en la ברכה de המוציא y המזון ברכת.

Darauf folgen biblische Stellen, die auf Feldbau, Fruchtbarkeit
u. s. w. Bezug haben, dann ähnliche Stellen aus dem Sohar, darauf
Soharstellen, die sich auf Bibelstellen beziehen, in denen einzelne
Bodenerzeugnisse erwähnt werden sowie ähnliche Stellen der Mischna.
Darauf folgt ein Gebet um Gedeihen der Früchte. Am Schlusse des
Büchleins findet sich Folgendes:

Conplas³) de ט"ו בשבט y cante ditas conplas al son de יוסף הצדיק.
Razon es de alabar, a el Dio noches y dias, no son cosas de
acabar, las sus grandes maravillas.

Crio tierra y el resto, menester para el hombre, todo hecho y
bien compuesto, trigo y todo legumbre.

Encomendo a la tierra, sacar todo en su punto, trigo y toda
civera.⁴) tambien arboles de fruto.

Cada cosa en su tiempo, su fruta ha de quitar, en la guerta o
en el campo (קאנפו), el arbol a dispuntar.

Y por señal el Dio puso, de ט"ו בשבט que empezen, del principio lo compuso, en este rezo estesen.

Siendo este dia santo, acada fruto bendicho, y loamos a Dio
alto, en primero en el trigo.⁵)

De las frutas ir comiendo, bendicion en cada una, y ברכות ir
diziendo, empezar de la azeituna.

Rogo al Dio de contino, como escoma⁶) nos suba, lo alabamos
con vino, qui sale de buena uva.

¹) Das Fragezeichen steht im Texte, was nicht häufig vorkommt.
²) Apuntar bedeutet hier „es genau nehmen" (מדקדק), welche Bedeutung sich in den WBB. nicht findet.
³) Conplas für Coplas, wie oben.
⁴) Civera, die gewöhnliche Uebersetzung von דגן, statt Cibera.
⁵) Trigo. Die Schlussworte sind alle in Quadratschrift.
⁶) Escoma fehlt in den WBB.

Con nosotros abonegue, la tarde y la mañana, y el bien nos muchigne, como granos de mangrana.¹)

Esperamos al גואל, como luz de la mañana, relumbrara a ישראל, a color de la manzana.

De mal la alma esta harta, Dio mira que razon es, mandes ya que se parta, esta casca de la nuez.

El hombre que se envisa, no contarse .quanto lindra²) que no falte en la mesa, albiana³) y almendre.

Cobrare munchos amigos, y el bien se le renova, se haran sus enemigos, secos como la אלחארובה.⁴)

Querido del Dio sera, y le baldara su saña, su enemigo saltara, como salta la castaña.

Ya lo vamos esperando, al גואל de hora en hora, los cueros se van haziendo, prietos (פריטום) como la amora.⁵)

Estas frutas todas tome, que de todas demos nota, y beata el que come, pistacho y albelota.⁶)

(Todas las frutas mentemos y no faltemos ni una, agora tambien diremos lo que dize cada una.)

El trigo hablo primero, y dio su buena risposta, rusca y pita es primero, en todo modo de fiesta. En los antignos שנים, tenia mejor abrigo, que el לחם הפנים, hazian del mejor trigo. La zeituna⁷) hablo valiente, ansi ella dira, de mi quitaban azeite, a cenda la מנורה. El datil mejor hablo, que tiene otra con el, que a su arbol se enxemplo la כנסת ישראל. La mi fruta muncho vale, dixo la uva en secreto, que de la mi fruta sale, vino blanco y vino prieto. El higo de brava mente, dixo yo non tengo cuesco, en vierno so cayente, en el verano so⁸) fresco. La mangrana le asenta, y grandeza le con-

---

¹) Mangrana ist eine assimilirende Form für das altspanische Milgrana, für granada, womit auch רמון übersetzt wird. Aehnlich wird bei Frisch (WB. s. v. Granat, I, 366c) aus einer altdeutschen Bibelübersetzung die Uebersetzung von Malum granatum mit Margran für Malgran angeführt. Andere assimilirende Formen bei Lexer s. v.

²) Lindra fehlt in den WBB.

³) Albiana (אלביאנה) ist vielleicht Alverjana, eine Erbsenart.

⁴) אלחארובה, das spanische algarroba, mit Anklang an das arabische Alcharuba (الخروبة) oder das talmudische חרוב.

⁵) Amora, das spanische mora, Maulbeere.

⁶) Von Albelota war oben (p. 11) die Rede.

⁷) Zeituna, statt des obigen Azeituna, das die gewöhnliche Form ist.

⁸) „So" ist eine ältere Form für soy.

viene, que granos tiene sin cuenta, otra fruta tal no tiene. Escuchedes y veres lo que dize la manzana, con me placer tomares, que me fruto el mal sana. La חארובה dio consejo, escuches todos de mi, el hombre quando es viejo, el se haze como me. La almendra y alviana, hablaron con alteza, somos una fruta sana, nos meten en qualquier mesa. La albelota quedo tarde (טאדרי), ma hablo muy brava mente, que יעקב nuestro padre, a mi mando por presente. Oiredes yente hermosa, las conplas que hize yo, que se canten en la mesa, todas por cuento del Dio. זל הצעיר יאודה קלעי (letzteres ist in Quadratschrift gedruckt).

ספר הודאת אמונת ישראל

בשליט עשרי עקרים ... והוספתי לתועלה התינוקוה של בית רבן טעמי המועדים ותעניוות ופי עשרת הדברות.
בליוורנו ... שנת וששבזה בצדקה לפק = תקבר = 1764
con privilego de su magestad[1]) imperial. Kayserling p. 85.

Hebräisch und Ladino. Alles in vocalisirter Quadratschrift.

Confesion[2]) de la creencia de ישראל en los treize articolos en la santa lengua ebraica y su traduccion en castiliano[3]) a fin que todos juntos como hijos de ישראל confesemos su unidad del altisimo Dios[4]) y los articolos de su santa ley. Y es necesario a los padres educar y arraigar a los hijos la creencia de la unidad del gran Dios de ישראל. Y los maestros a sus diciplos siendo muy util y necesario solo por la prefeccion[5]) del alma mas tambien por mantenernos firmes en nuestra santa ley para la prefeccion de nuestra alma en arraigar en nuestras coraçones los יג עקרים todos los dias de nuestra vida.

Existencia de Dios. א

Yo creo con perfecta fe en la existencia de Dios bendito el es causa de todas las causas quel hizo, y haze y hara todas las cosas

---

[1]) Magestad — מאחיסטאר. In diesem Büchlein wird G und J, statt mit ג, durchaus mit ח wiedergegeben. So חאמאם, אוריהין, איבקוחינו, חוראר, חינטי, חינירו, אימאחין, אינחוריא für imagen, injuria, escogido, origen, jamas, jurar, justo, gente, genero.

[2]) Das hier zunächst folgende ist nur in Ladino.

[3]) Dieser Ausdruck für Ladino oder Español ist mir sonst nirgends vorgekommen.

[4]) Dios für Dio, wie oben.

[5]) Prefeccion und prefecta steht hier, wie oft, für perfeccion. Andere Wörter entsprechen der spanischen Schriftsprache, so nos, nuestro, llamar (לייאמאר) redimir (für ריגמיר), bendito (für bendicho) u. a. m.

Unidad de Dios. ב

Yo creo con perfecto fe que Dios bendito es un solo poder absoluto, es solo y unico, es nuestro Dios qual fue, es y sera en toda eternidad.

Incorporandad en Dios. ג

Yo creo con perfecta fe que Dios bendito es incorporeo y ninguno de los corporeos pueden alcansar su divino esencia y no tiene ninguna cosa de semejanza corporea

Abeternidad[1]) de Dios. ד

Yo creo con perfecta fe en Dios bendito es abeterne primero y postrero, y afueras del[2]) no hay otro Dios.

Orar solo a Dios. ה

Yo creo con perfecta fe las oraciones deben ser a Dios solo a el y no otro

Comunicacion de Dios con los humanos. ו

Yo creo con perfecto fe que Dios bendita se comunico con las santos profes y todas sus palabras y profecias son ciertas y verdaderas.

Singular profecia de משה. ז

Yo creo con perfecta fe, que la profecia de משה nuestro maestro fue de Dios bendito, y su profecia fue major de todos los profetas que le precedieron y que despues le seguieron.

Ley dada por Dios a משה. ח

Yo creo con perfecta fe que toda la ley que tenemos es la que dio Dios bendito a משה.

Ley eterna y inmudable. ט

Yo creo con perfecta fe que la ley santa de משה es eterna y que jamas en ningun tiempo se puede mudar ni alterar en ninguna cosa y no habo ni habra obra ley dada por Dios el mundo salvo esta

Conocimiento de Dios con los humanos. י

Creo con perfecta fe que Dios bendito tiene conocimiento de los obras de los hombres y el solo sabe los ocultas y encubiertes y conoce los intimos pensamientos.

Precio y pena. אי

Yo creo con perfecta fe que Dios bendito paga premio bueno a quien guardara sus מצות y castiga a los que los prevarican.

---

[1]) In den WBB. findet sich nur das Adjectiv abeterno.
[2]) Del altspanisch für de el.

Redencion. יב.

Yo creo con perfecta fe en la venida de צוקנו משיח, qual nos prometio Dios por boca de sus profetas y con esta esperanca vivo todos los dias.

Resurreccion de los muertos. יג.

Yo creo con perfecta fe que Dios bendito resucitara los muertos quando fuere su voluntad, por cuga singular gracia y por todas las de mas sea su nombre santo alabado y glorificado para siempre eterno אמן.

ספר קטן זה
קרא עלי מועד שמו
בויניציאה שנת התקל״ג לבריאת העולם.

Nella stamparia bragadina.   Kayserling p. 42.

Eine dem Texte vorangehende Ueberschrift lautet:

קרא עלי מועד קינה בלשון ספרד ובלשון הקודשי

Wie aus der hebräischen Vorrede des Büchleins zu ersehen ist, existirte dieses Trauerlied schon seit langer Zeit in spanischer Sprache und wurde in der Levante und in der sephardischen Gemeinde in Venedig in den Synagogen vorgetragen. Der Herausgeber — dessen auf dem Titelblatte genannter Name in meinem Exemplar seltsamer Weise ausgelöscht ist — hat nun dasselbe ins Hebräische übersetzt, und zwar folgt auf die ursprüngliche spanische Strophe unmittelbar die hebräische Uebersetzung derselben. Das in vocalisirter Quadratschrift gedruckte Büchlein enthält auf 16½ Seiten 33 Strophen. Im Folgenden gebe ich die Uebersetzung der ersten 15 Strophen und der Schlussstrophe.

1.

בית המקדש honrado,
Quai como estas tan destruido.
בית המקדש querido
Quai, como estas tan derrocado!

2.

Adonde esta tu hermosura,
Y la tu fragua de gran altura,
Agora estas en baxura,[1]
En el polvo enterrado.

---

[1] Baxura (Bajura), altspanisch für Bajeza.

3.

Estrellas y luz eras del mundo
De silla del Dio eras segundo,
Agora estas en el fundo,
Y en el profundino¹) abaxado.

4.

Palacio del Dio eras llamado,
Y de los כהנים eras servido,
Agora destruido
Y de שועלים muy faxiado.²)

5.

Todos ישראל hazed planto
Y las mugeres otro tanto
Por el כהן grande el santo,
Que por nos estaba sacrificando.

6.

Por los לוים tened dolores.
Que en casa de Dio eran cantores.
Dando loores
A el que siempre sea lodado.

7.

Adonde estan los כהנים
Los que perdonaban los עונים
Con sus זבחים
Delantre el Dio ensalsado.

8.

Adonde estan los señores
De los לויים los cantores,
Con sus loores
Delantre el רובן tan preciado.

9.

Vinieron contra nos los enemigos.
Y mataron a nos y a nuestros hijos,
Hizieron curir sangre de muchos,
Inocientes que han deramado.

¹) **Profundino** (daneben profondino, so auch bei de Oliveyra) ist die gewöhnliche Uebersetzung von מצולה, Tiefe. In den WBB. fehlt diese Form.
²) פאשיארו, dieses Wort kann ich nirgends finden.

10.

Luego a el מקדש destruyeron
A todos los atuendos escondieron
Y si no fundiera el ארון
Ya lo hubieron reollado.[1])

11.

Dezian con gran voz alta
Adonde es el Dio de la casa santa,
De el non hagamos cuento,
Que es mentira su nombrado

12.

Luego en el מקדש entraron,
Con sus doladizos[2]) y se humillaron
Y la casa santa inmundaron
Con sangre de puercos matados.

13.

A los señores viejos honrados,
Sabios humildes y entendidos
Por las calles estendidos
Quien matado y quien abogados

14.

A los mancebos escogidos
A la espada fueron vencidos,
Ponian los tendidos
Para el degollo como el ganado.

15.

Tomaban las ecriaduras
Del meldar lindas figuras
Figuras santas y puras,
De las montañas los han echado . . . .

Die Schlussstrophe lautet:

Tu qui es Dio apiadador.
No mires los pecados del דור,
Y manda ya el redimidor
A nuestro משיח tan preciado.

---

[1]) ריאולייארו im Texte יי׳ בארון נהנו kann ich ebensowenig finden.

[2]) דולאדייו kommt nur in den hebräisch gedruckten Büchern als Uebersetzung von עצבים, Götzenbilder, vor, in den WBB. findet es sich nicht.

Bücher ethisch-religiösen Inhalts.

ספר חובת הלבבות

libro llamado en ladino obligaçion de los coraçones, porque es trasladado del גאון החסיד רבינו בחיי הדיין ז״ל que es libro para prefeccionar y facer aquestar la alma . . . .

Lo truxo ala estampa el señor משה בב״ר שלמה אשכנזי נר״ו · שנה בצל כנפיו החסה״ בויניציא.

Nella stamperia Bragadina. Con licenza de Superiori. Das Buch ist in vocalisirter Quadratschrift gedruckt. Kayserling p. 46.

(Th. III, Cap. IX, fol. 58^b.) . . . Oye dezir, que en un lugar de la India era costumbre de la gente de una ciudad de enreynar sobre ellos un hombre estrangero, que no fuese de la propria ciudad por un solo año, y en cumpliendo el año sacabanlo de entre ellos desnudo sin llevar nada con el, y tornabase aquel rey a su propio modo y estado que era antes de ser rey. Y por ventura pusieron por rey un ignorante que no sabia el pervilego[1]) que tenian de no ser alli rey si no un año, y apaño aquel como se vido rey y aguntó hazienda y fraguo palacios y gentilezas[2]) y fortalezas. Y quanto tenia hallo en su proprio lugar de hazienda y muger y hijos mando traerlo alli aonde estaba por rey y de donde era rey, nunca sacaba nada para mandar a su propia tierra. Y como se cumplio el año sacaronle de rey y mandaron lo fuera de la ciudad, desnudo y vario, y quedole todo quanto habia aguntado onde era rey. Y fuese a su propia tierra llorando su negra fortuna, porque de aqui no llevo nada, menos alla no hallo nada de quanto tenia antes. Y arrepentiose y se apasionaba y lloraba y se quejaba del trabajo y diligencia que hizo de fraguar y apañar y entesorar el lugar que non era suyo y se gozo otro de todo aquello. Despues desto toparon con otro hombre sabio y entendido y como lo pusieron por rey tomo un hombre de los de la ciudad, y hizo mucha limosna con el, y demandole sobre los pervilegos de la ciudad y sus asanzas y leyes y como se habian regido otros reyes antecipatos y aquel hombre dicho le descubrio todas sus cosas y secretos. Como supo todo el negocio este rey no

---

[1]) Auch bei diesem Worte hat eine Versetzung des R stattgefunden.

[2]) Gentileza, das hier eine ähnliche Bedeutung hat wie Palacio, kommt in diesem Sinne in den spanischen WBB. nicht vor.

trabajo en nada, de lo que el otro rey ignorante dicho hizo, pero hizo el contrario, que trabajo y porcuro de sacar de la ciudad onde era rey toda cosa gentil y preciada que habia en ella, y enviaba a su propia ciudad, de onde el era morador. Y en su ciudad fraguo muchos palacios y torres, y agunto tesoros y no se enfiuciaba en aquel regno que tenia, porque sabia que no habia de estar alli mucho tiempo, y estaba alegre y enojado todo el tiempo que estaba alli por rey tomaba enojo, por el poco tiempo que alli habia a estar que le parecio poco la hazienda que habia sacado de alli para su lugar y quesiera estar mas tiempo para sacar mas. Y estaba alegre que en su salir de alli tan presto topara asentarse y estar en reposo en su propia ciudad y en sus palacios que habia fraguodo, y estaba con este con buen coraçon, porque aquel lugar era suyo de continuo, y por eso, como se le cumplio el año, no tomo enojo de salir de alli, mas antes se salio de presa mucha, con alegria de coraçon y loaba las cosas que habia hecho y su diligencia, y fuese a topar un bien grande y mucha honra con alegria continua y estuvo contento en todos los dos logares.

ספר מעם לועז

חא״ על ספר יהושע.

Declara de quando entraron ישראל a la tierra santa y los milagros grandes que hizo el ש״ית en קריעה הירדן y en las guerras que hizo יהושע con los 31 reyes y declaro de los ענינים que paso hasta que sujeguaron ארץ ישראל. Y adientro topares muchos (מונגוש) חירושים y castigerios ומעשיות ומשלים de nuestra ley santa בע״ה יה.

הב״ד המחבר זעירא דמן חברייא ממהא מחסיא אינדריאנו יע״א אני עני הצעיר רחמים מנחם מיטראני.

בדפוס של הגביר המרו׳ כה׳ דניאל פיאני סי״ו.

נדפס באותיות ויין. שנה ולבבתי על הנביאים לפ״ק ע״י המדפים ה״ה יצחק גאחון הי״ו.

Eine Randverzierung des Titelblattes enthält die Verse Jos. 1, 8 und Hos. 12, 11. — Das Buch ist in Raschischrift gedruckt.

Kayserling, p. 66, 72.

Von diesem Werke, das — ähnlich wie der צאינה וראינה — homilitisch-hagadische Erläuterungen und Illustrationen zur Bibel enthält — die aber zu verschiedenen Zeiten und von verschiedenen Autoren verfasst erschienen sind — besitze ich nur, wie aus dem angeführten Titel ersichtlich ist, den ersten Theil des B. Josua. Vom צאינה וראינה unterscheidet sich übrigens das Buch sehr wesentlich insofern als es weit grossartiger angelegt ist, wie denn auch viel mehr Schriften als in jenem darin angeführt werden.

So umfasst das mir vorliegende Buch auf 155 Blättern in Folio die ersten acht Capitel des B. Josua mit den dazu gehörigen Erläuterungen. Auf das Titelblatt folgt eine Vorrede des Verfassers in Ladino, dann folgen in hebräischer Sprache mehrere Vorreden als Dank für diejenigen, welche die Herausgabe des Buches unterstützten, in Salonichi, Smyrna, Janina, Constantinopel, Bukarest u. A. Darauf folgen die Gutachten verschiedener Rabbiner. Darauf folgen abermals zwei Vorreden, die eine hebräisch, die andere, sehr lange, in Ladino. Alles zusammen umfasst 20 Blätter, nur beginnt seltsamer Weise die Paginirung mit dem 8. Blatt.

Darauf erst folgt die Erklärung der einzelnen Verse des ersten Capitels des B. Josua. Die Verse, die den Text der darauffolgenden Betrachtungen, Erzählungen u. s. w. bilden, sind in vocalisirter hebräischer Quadratschrift gedruckt. Nach der Ueberschrift „Declaro de la נבואה primera de יהושע" folgen fol. 11ᵃ die beiden ersten Verse mit den darauf bezüglichen Ausführungen. Fol. 23ᵇ finden sich Vs. 3 u. 4, fol. 24ᵃ Vs. 5, f. 28ᵃ Vs. 6—9, f. 29ᵇ Vs. 10 u. 11.

An letzterer Stelle, also 1, 11 wird nun mit Bezug auf das הָכִינוּ לָכֶם צֵדָה bemerkt, dass darunter nicht die gewöhnliche Reisekost zu verstehen sei, da es dazu keiner Aufforderung bedurfte, ebensowenig wie anderer Kriegsmassregeln, das einzig Nothwendige war das Vertrauen auf Gott, der für sie kämpfte. Mit der Reisekost (die man vorbereiten soll, ist vielmehr die Vorbereitung zu jenem Leben gemeint, wozu u. A. die Stelle der Pirke Aboth החקן עצמך בפרוזדור וגו׳ angeführt wird.

Mit Bezug hierauf wird nun f. 31ᵃ das Folgende erzählt:

משל a una ciudad grande que sus usanzas eran de no recibir sobre ellos rey por que podeste en aquella ciudad de contino, si no se regian en este modo, que cada tres años salian los grandes de dita [1]) ciudad con sus quatreguas a el campo lugar lexos de la ciudad.

---

[1]) Dita altspanisch für dicha.

Quando topaban algun hombre por el camino aun que era probe¹)
y abatido lo tomaban a el y lo acercaban delantre de ellos y le
daban a comer y beber y lo emborrachaban con brebajes fuertes por
que se dormeciera²) mucho quantitad que quedara dormiendo tres
dias, y luego³) que se dormia lo tomaban dita gente a este probe
y lo llevaban a la ciudad y lo entraban al baño y lo lavaban y lo
espeçaban con muchos modos de especias buenas, y lo vestian vestido
de regnado, y lo llevaban a el palacio de el rey y lo hechaban en
cama de reyno. Y el dormiendo y no se contentia de todo esto que
le hizieron, y en el trecero⁴) dia quando se espertaba de su sueño
(איסחואיניו)⁵) luego venian la gente estimada de el palacio, y se
encorvaron delantre de el y le dezian, que comando nuestro Señor
Rey, y en aquel punto lo vestian y le metian en su cabeça de reyno,
y lo asentaban en la silla de reynado. Y aquel probe que se desperto de su sueño y se tupo ase mismo en subito en toda esta מעלה
y grandeza, se maravillo may mucho y se quedo pensando diziendo
en su coraçon: yo me se in me que era probe y caminador de campos,
y me acodro⁶) de onde venia y onde me iba ir, y yo me veo agora
con corona de rey en mi cabeça, y todo el mundo esclavos delantre
de me, y torno y penso diziendo que la verdad es que siempre fue
yo rey, y lo que me esta pareciendo que era probe y hombre caminante
por los campos no es sino sueño. Y no busco por asabentarse⁷)
sobre esto. Y de aquel dia en delantre se miro por regirse como
rey y comer y beber מערני מלכים y regir su regnado con los con-
sejeros y viejos de aquella ciudad, que le parecia que todas sus vidas
tienen que su ansi segun todos los reyes de el mundo. Y al cabo
de tres años lo emborrachaban y lo adormecian mucho y lo desmu-
daban el vestido de reyno y lo vestian aquellos vestidos propios que

¹) Probe statt pobre, wie oben.
²) Das spanische Wort, das auch in den jüdischen Schriften als Uebersetzung von נום und נרדם vorkommt, ist adormecer, das auch weiter unten
gebraucht wird; vielleicht ist dieses dormeciera ein Druckfehler.
³) Luego wird hier mit אילוּאיגו wiedergegeben, ebenso in einigen
anderen Schriften.
⁴) Für tercero.
⁵) Diese Schreibung des Wortes Sueño kommt auch sonst zuweilen vor.
⁶) Statt me acuerdo.
⁷) Asabentarse — die gewöhnliche Uebersetzung des Zeitwortes חָכַם
(z. B. Deut. 32, 29, Prov. 6, 6; 9, 9. 12) — weise sein, weise werden, fehlt in
den spanischen WBB.

era a el de la hora, y lo llevaban y lo echaban en el lugar propio que lo tomaron por en reynarlo. Y lo mismo hazian cada tres años que quitaban a uno y metian a otro. Vez una toparon un probe patron de שכל y דעה y le hizieron segun sus usanzas. Y quando se esperto de su sueño se estremecio mucho de verse en el palacio de el rey, y siendo hombre sabido entendio en se mismo que lo de antes que era probe y caminante no es sueño, que ansi cierto que algo cate que haya en esto y con paciencia lo entendere. En el primer año no hablo con dinguno[1]) nada si no que miro el reynado. Y בתוך de el año conocio y entendio a todos sus eselavos las מידות de cada uno y uno segun eran, y los hizo a todos muy amigos. Al cabo de el año llamo a uno de sus esclavos a el que entendio que es mas querido de todos, y lo entro a su camarita en secreta mente,[2]) y lo aconjuro[3]) diziendo por la cabeça de el rey cale que me descubras esta secreto que tenes en esta ciudad, que yo lo se per cierto que todos mes dias era probe y caminador de campos, y subito me tope en este reynado. Dami a entender esto hecho que manera es, y se me diras que esto que me esta pareciendo que era probe es sueño, esto no puede ser viendo tengo señal en mi cuerpo que me se hizo quando me caye caminando entre los campos, que ansi lo tengo por siguro que no es sueño. Y por esto debes dezirme la verdad y te hago vesir de mi reynado, y si no sabete que te mato. Y dito esclavo siendo vido el mal parado le descubrio la verdad y le dixo, el מנהג de esta ciudad es ansi y ansi, y al cabo de tres años lo tornan a su lugar segun estaba de la hora. Se quieres ver la prueba mira que todos los llaves de el palacio se entregaron en tu mano afuera de una llave de la camarita que en ella estan tus vestidas viejos de quando estabas en el campo, aquella llave no te entregaron en tu mano, y quando viene el tiemo te van a emborrachar segun te hizieron quando te entraron por rey, y te van a llevar a el lugar que estabas antes. Y el rey en oyendo ansi se aturbo mucho y fueron a la camarita que esta ban sus vestidos viejos alli y hizo obrir su puerta, y conocio sus vestidos y creo en todo lo que dixo su esclabo. Y de aquel dia en delantre busco el rey עלילות y סיבות

---

[1]) Statt ninguno.
[2]) Statt secretamente, bekanntlich wurde mente in früherer Zeit als besonderes Wort geschrieben, secreta mente bedeutete in heimlicher Weise (Diez s. v. mente).
[3]) Aconjurar wie oben für conjurar.

y mato a muchos grandes de su reynado y lo entre por visir a este esclavo segun lo dixo. Y tambien de aquel dia en delantre mercaba esclavos y esclavas y los enviaba a lugares lexos con mucho dinero, y apropio un lugar y hizo fraguar alli sarais¹) y guertas y vergiles y campos y viñas para cavar y sembrar y siempre iba mandando a ditos lugares modos de tresoros como poder de el rey, y encomendo a ditos esclavos que envio a dito lugar, que en tal tiempo y en tal dia vernes a tal lugar y me tenes que topar con vestidos de probe echado en el campo dormiendo, y me tomas y me llevas a los sarais que apareje. Y ansi fue, que en cumpliendose los tres años lo emborracharon y lo llevaron a el lugar que estaba antes, y vinieron los esclavos de aquellos lugares y lo tomaron y lo llevaron a su palacio que aparejo, y quedo dito rey rico con grandeza y reposo mucho. Y despues supieron la gente de la ciudad lo que rego dito rey y lo alabaron y dixeron, con buen דעת se reyo esto hombre.

Diese Erzählung stimmt also der Hauptsache nach mit der vorhergehenden aus Bachja²) überein, nur dass in der Erzählung des מעם לועז der gewählte König beim An- und Austritt betrunken gemacht wird. Auch im והנזיר בן המלך, woselbst (Cap. 13) ebenfalls diese Geschichte erzählt wird, ist von Berauscht machen keine Rede. Dagegen wird in der Erzählung im שמחת הנפש — die ich in meiner jüdisch-deutschen Chrestomathie (p. 251 fg.) mitgetheilt habe — allerdings der König betrunken gemacht, wie sich noch andere Aehnlichkeiten mit dem hier Erzählten finden, so das Selbstgespräch des Königs, wie auch, dass dessen Regierung drei Jahre lang — nicht ein Jahr — währt.

In der Randnote zu der Erzählung in מעם לועז heisst es übrigens:
כך ראיתי מ"ץ על תהלים ע"ב בשוב ה' את שיבת ציון היינו כחולמים ואחר זמן ראיתי בס' דברים אחרים.

---

¹) Sarai ist das türkische serai (سراي) Haus, Palast, Gasthof.
²) Das arabische Original der Erzählung in חובת הלבבות wird von Zotenberg in Notice sur le texte et sur les versions orientales du livre de Barlaam et Joasaph (Notices el extraits etc. T. 18, p. 90) und nach ihm von Weisslowitz (Prinz und Derwisch p. 90) mitgetheilt.

ספר קב הישר

en Ladino, castigerio hermoso con mucho consuelo (מונגו קונסחואילו),
lo fue מחבר התורני תרבני כמוהר״ר צבי הירש בן הגאון במוהר״ר אהרן
שמואל קאידנוור זלה״ה.
נדפס בקושטנדינא יע״א תחת ממשלת אדוננו המלך שולטן עבדול עזיז
ירה . בשנת קב הישר באותיותיו (תרכ״ג).

In Raschischrift gedruckt.
Kayserling p. 55.

Cap. 52, f. 98ª fg. — Escribio שלמה המלך ע״ה אל ההי צדיק.
הרבה וכו׳, y ansi dixeron los señores חכמים en la גמרא de סוטה:
Acabidadvos de los צבועין, que צבועין quiere dezir, se mostrar a la
cara por muy buen judio, que hazen מעשה זמרי y buscan שכר como
פנחס. Y a las vezes vemos un hombre, que esta entremedido siempre
con תפלה con mucha (מונגה) כונה, y el dia entero va con טלית y
תפילין, y el que lo ve le parece que es hombre muy derecho y muy
בשר, que lo ve el dia entero entremetido en תפלה y en meldar,
empero que tiene en el coraçon no sabemos.

Als Beispiele zu dem Gesagten folgen nun zwei Erzählungen.
In der ersteren, die der פסיקתא רבתי entnommen ist, wird von einem
frommen und reichen Manne erzählt, der nach Palästina reist, unter-
wegs in einer Stadt aber hört, dass die Wege sehr unsicher seien,
worauf er beschliesst, den grössten Theil des Geldes, das er bei sich
führt einem frommen Manne zur Aufbewahrung zu übergeben. Er
erkundigt sich nun nach einem solchen Manne und es wird ihm ein
ר׳ אכסנדר empfohlen, der den grössten Theil des Tages in טלית und
תפילין mit Beten verbrachte. Diesem ר׳ אכסנדר übergibt er nun sein
Vermögen, um es bis zu seiner Rückreise aufzubewahren. Als er
nun, auf der Heimreise begriffen, bei ר׳ אכסנדר vorspricht, um sich
sein Vermögen aushändigen zu lassen, läugnet dieser rundweg, je
Geld von ihm erhalten zu haben. Der reiche, jetzt arme Mann betet
hierauf zu Gott und klagt darüber, dass er von der Scheinfrömmig-
keit jenes ר׳ אכסנדר getäuscht, von ihm betrogen worden sei. Darauf
kommt אליהו הנביא zu ihm, und sagt ihm, er solle in Abwesenheit
jenes ר׳ אכסנדר zu dessen Frau gehen und im Auftrag ihres Mannes

die Herausgabe seines Vermögens von ihr zu verlangen; als Wahrzeichen zu seiner Beglaubigung solle er ihr sagen, dass beide am jüngsten Pesachfeste חמץ gegessen, und dass ר׳ אבכנדר frühstückte ehe er in die Synagoge ging. Darauf hin wird ihm von der Frau sein Vermögen übergeben. Als sie bei der Rückkehr ihres Mannes demselben das Vorgefallene erzählte, sah er wohl ein, dass es jetzt mit seiner Heuchelei ein Ende habe, und so beschloss er mitsammt seiner Frau die Religion zu wechseln.

Die zweite Erzählung ist die folgende:

מעשה en un hombre, que era hombre viejo y muy rico, y tenia un hijo regalado, muy hermoso y muy חכם. Pasando dias que ya se acercaron dias de el viejo para morir llamo a su hijo y le encomendo antes que se moriera y le dixo; Mi hijo, yo te voy a dexar que heredes mucha moneda, que ternas bueno todo el tiempo que vives y yo te encomendo que tu guadres[1]) de los צבועין y de la gente que van entremetidos mucho en חסידות, afuera (אחוארה)[2]) de razon que se amostran que son חסידים, y en coraçon tienen pensamientos malos. Y acabidate de los de וצדקתך, y con esto ternas bueno tu y tus hijos todos tus dias. Y se murio el padre, y despues que se murio se caso el mancebo con una guerfana muchacha, ענייה, hermosa de forma que le agrado a el. Despues que caso se alegro con su muger, y su muger era צנועה y חסידה en ojos de su marido. Pasando quatro cinco años le dixo el marido a la muger: Vamos juntos a pasear por los calles y por las plazas, veremos lo bueno de la tierra. Le dixo la muger: No vo, no sea que mire a otra gente, o alguna gente me miren a me, y yo entrompezo a ellos. Quando oyo su marido esto, dixo en su coraçon: Esta se esta amostrando como los de וצדקתך. Se acodro[3]) de la צוואה, se quedo callado (קאיארו) y se fue a pasear solo. Que hizo el mancebo? Pasando קאראר[4]) de seis meses de este cuento fue y hizo en todas las camaritas de su casa dos llaves, y le dio a una llave de cada camarita a la muger y las segundas llaves tomo el, y no lo dixo a la muger que el tenia segundas llaves. Pasando dias le dixo el marido a la

---

[1]) Guadres für guardes wie oft.

[2]) אחוארה für afuera, wie oben חואיגו; an einer andern Stelle des Buches (39a) heisst es ebenso הואירבה statt fuerça.

[3]) Statt se acordo.

[4]) קאראר ist das türkische Karâr — قرار — Länge, Dauer von Raum und Zeit.

muger, que tenia הברח de irse por afuera (אחואירה) por mercar mercanzia, que le aparejara vianda para el camino. Y ansi hizo su muger, que se le entendio que el marido se iba ir como usanza de todo el mundo. Al otro dia se fue el marido de ella, y la muger entendio que su marido ya se fue por afuera, empero el marido lo hizo con invento. Quando se fue el marido קארבאר de media milla de camino de afuera de la ciudad, el encomendo al אראבאג'י¹) que tornara a la ciudad y no torno inderecho a casa, sino se fue al חאן²) ande posen מוסאפירים.³) Quando anochezio se fue el mancebo a su casa y abria la primera puerta de su casa y se fue de camarita en camarita hasta que vino a una camarita que estaba su muger dormiendo, y un ערל echado con ella en la cama. Quando vido la muger que el marido estaba en la camarita, le dixo al ערל que tomara la espada y que matara a su marido. El mancebo se espanto y se fuyo afuera de casa y de mucho צער que tomo fue y se echo en la calle y se dormio alli. Y en aquella noche le robaron de la חאזני⁴) del rey de aquella ciudad un magazin de piedras buenas, y fue esclamacion grande en סאראיי del rey. Encomendo el rey que buscaran por todas las calles. Se fueron los esclavos del rey buscando por toda la ciudad, lo toparon a este hombre, que estaba echado en la calle dormiendo. Dixeron entre ellos que este era el ladron y lo acogeron a el luego de el דין que lo mataran. En lo que lo llevaban a enfurecar fue un פאפאס⁵) con el como usanza de los אומות, y esto פאפאס era muy estimado en ojos del rey, le iba diziendo el פאפאס a esto mancebo de trocar su ley. Despues de esto lo estaban llevando al mancebo por un camino que habia alli un muladar y estaban saliendo del muladar gusanicos. Le dixo el פאפאס al ג'ילאט⁶) que lo llevara al mancebo por otro camino que no pesara los gusanicos y mataba a los gusanos, que la ley acabido ורחמיו על כל מעשיו.

---

¹) אראבאג'י, das türkische Arabadschi — عربه‌جی — Fuhrmann.

²) חאן, das türkische Khan خان — Hôtel, Karavan serai.

³) מוסאפירים, Plural des türkischen Musâfir — مسافر — Reisender, Fremder, Gast, neugriechisch Μουσαφίρης.

⁴) חאזני, das türkische Khazine — خزینه —, vulgär Khazna, Schatz, Schatzkammer, neugriechisch Χαζνές.

⁵) פאפאס, das türkische Pâpâs — پاپاز —, neugriechisch Παπᾶς, christlicher Priester.

⁶) ג'ילאט, türkisch Dschillâd — جلاد — Henker.

Dixo esto hombre en su coraçon, y el באפאס es de los צבועין, de los de וצדקתך. Le dixo el mancebo a los esclavos del rey, que el y el פאפאס robaron el robo del rey. En el punto lo apañaron y al באפאס. Se lo dixeron al rey y encomendo el rey que buscaran en la camarita del באפאס. Fueron y buscaron y toparon todo el robo adientro de esta camarita. Despues de esto el rey pregunto al mancebo que אילאקה¹) tenia el con el באפאס. Le conto el mancebo al rey la צוואה de su padre y lo que acontecio a el con su muger la זונה, y lo que lo acontecio a el con el באפאס. Y encomendo el rey que fueran y que miraran por su muger la זונה, y se topo que el modo que dixo ansi fue. Encomendo el rey que lo llevaran el mancebo a su sasa como mas antes, y a la muger con el גנא׳ que los cortaran las cabeças y al פאפאס que lo enforcaran.

ספר שבט מוסר

libro lucio y estimado que lo ingenio y lo hizo el רב grande y santo עט״ר מו״ר מ״ר קשישא הכהן הגדול כמוהר״ר אליהו הכהן האיתמרי זצ״ל, para que se castige el hombre y se anvise para conocer a el ש״ה, y su sora מן a nosotros compañia santa de ישראל, que se abra el coraçon para tornar en תשובה. פה אזמיר יע״א המא״ שולטן עבדול המלך מגי״ד שנת בח״ר. In Raschischrift gedruckt. Kayserling p. 42.

Die hier folgende Erzählung — gegen Ende des Buches, T. II, f. 154ᵃ fg. — ist überschrieben:

נמרוד הרשע de lo que lo acontecio con אברהם אבינו ע״ה de מעשה.
Da die Erzählung sehr lang ist — 11 pp. in 4° — und zudem sich im Original auch in Jellinek's Beth-hamidrasch (I, 25—34) findet, so gebe ich im Folgenden nur den Schluss derselben (f. 158ᵇ).

Dize el מגיד²): Y comando el rey por traer a אברהם y por echarlo adientro de la hornilla de fuego, y anduvo uno de los

---

¹) אילאקה, das türkische âlākat — علاقة —, vulg. âlaka und ilaka, Beziehung, Zusammenhang.

²) Im Original אמר המגיד. Dieser immer wiederkehrende Ausdruck ist einer der vielen Beweise für den arabischen Ursprung dieser Erzählung, da es auch in den arabischen Erzählungen jeden Augenblick heisst: Er sagt, der Erzähler sagt (قال — قال الراوي). Einzelne Beispiele hiervon finden sich in einem von mir (ZDMG. XLIV, 457 fg.) mitgetheilten Auszug aus einer spanisch-arabischen Erzählung, sowie in meinen Beiträgen (p. 272).

mayorales y lo truxo y le dixo el rey, echalo, y se alevanto por echarlo y valia el fuego y lo quemo a el mayoral, y se levanto otro mayoral por echarlo y lo quemo tambien a el y todo el que lo tomaba por echarlo lo quemaba el fuego a tanto que se quemaron muchos אין חקר ואין מספר. Vino el שטן a semejanza de presona (פריסונה)¹) y encurbose a el rey. Y dixole el rey, demanda tu veluntad y dixole: Te aconsejare por que echas a אברהם adientro de el horno de fuego, da mi muchos maderos y clavos y cuerdas, y yo te haze trabuco²) que con menearlo y arodearlo de lexos lo echaras adientro de el fuego y no quemara el fuego a ninguna presona. Y se alegro el rey mucho por este consejo y comando el rey por hazer el trabuco y despues que lo cumplieron lo pribaron³) delantre el rey tres vezes, que de lexos arrojaban con el piedras adientro el fuego. Y lo tomaron a אברהם y le ataron sus brazos y sus manos y sus pies muy bien y lo pusieron en trabuco por echarlo. Y viendo אברהם como lo ataron, alzo sus ojos a los cielos y dixo: A. mi Dio, ya ves lo que haze en mi el נמרוד רשע. Si tambien que los מלאכים dixeron delantre el שי״ת: Señor del mundo, henchimiento de toda la tierra tu honra, mira que haze נמרוד el כופר en tu siervo y tu נביא אברהם. Dixo a ellos el שי״ת; Yo ya se todas las encubiertas, yo vos amostrare venganza en נמרוד הרשע, y escapare a אברהם.

Dize el מגיד: Le vino el שטן a אברהם en semejanza de presona y le dixo: אברהם si es que quieres escapar de el fuego de נמרוד encurbate a el y cree en el. Y le respondio אברהם יגער ה׳ בך השטן y fuyo delantre de el.

Y metieron אברהם adientro de el trabuco por echarlo en el fuego y los מלאכים buscaron piadades⁴) delantre el שי״ת por abaxar y escaparlo de el fuego, y le vino a el el מלאך גבריאל y le dixo: אברהם quien te escapara de el fuego? Dixole אברהם, El Dio que me enfiucio en el, Dio de los cielos y de la tierra, el me escapara.

---

¹) Presona für persona.
²) Das Wort Trabuco, das spanische Wort für Wurfmaschine, kommt auch im hebräischen Original vor und wird von Jellinek (l. c. Vorr. p. XV fg.) irrthümlich für ein arabisches Wort gehalten.
³) Prebar statt probar.
⁴) Piadades (statt Piedades), diese Pluralform ist die gewöhnliche Uebersetzung von רחמים.

Y viendo el שי״ה su buena כוונה, cato a el con piadades y esfrio¹) e el fuego por su siervo אברהם.

Dize el מגיד, que el fuego se mato sin aguas y los leños hermollecieron²) y quitaron³) fruto y se hizó el fuego como guerto y vergel de el rey, y los מלאכים se asentaron alli con אברהם adientro de la guerta. Dixole el rey a אברהם, hechizero grande eres que hizistes que el fuego no podeste in ti, y mas que amostras a la gente que eres asentado en la guerta. Y respondieron los mayorales de נמרוד a una boca y dizieron: Señor, esto es no hechizo otro que poder grande de el Dio de אברהם y no hay otro Dio afueras⁴) de el, y nosotros damos עדות por esto, y tambien אברהם es su siervo de verdad. Y creeron en aquella hora todos los mayorales de נמרוד y todo su pueblo en A. Dio de אברהם. Y dixeron todos: A. el es Dio en los cielos de arriba y sobre la tierra de abaxo, no mas. Hasta aqui su nota.⁵)

Im zweiten Band der Uebersetzung gibt der Herausgeber auf der ersten Seite des Buches in vocalisirter Quadratschrift die Abschrift eines — תוכחה überschrieben — liturgischen Gedichtes,⁶) das im Buche selbst im 6. Cap., in der Uebersetzung in תלדות ⁷) vorkommt, und von dem jede Strophe in witziger Weise mit einem talmudischen Ausdrucke schliesst. Im Folgenden gebe ich die Uebersetzung desselben.

(T. II, f. 33ᵇ fg.) Veo mi dia que se alexa, y los obreros perezosos, y el בעל הבית aprieta, el alquilan a los obradores.⁸)

---

¹) Esfriar ist altspanisch für resfriar.

²) Hermollecieron, im Original הֵצִיצוּ צִיץ. Auch das וַיָצֵץ Num. 16, 13 und וַיָצִיץ Ps. 92, 8 wird so übersetzt, und ebenso das תֶּדֶשֶׁא Gen. 1, 12. In den spanischen WBB. findet sich das Wort nicht.

³) Quitaron fruto, im Texte הוֹצִיאוּ פֵּירוֹת. Unter den Bedeutungen des Wortes quitar in den spanischen WBB. entspricht keine der von „hervorbringen". Nur bei Sanchez hat das altspanische quitar auch die Bedeutung „sacar", womit הוֹצִיא gewöhnlich übersetzt wird.

⁴) Afueras altspanisch für fuera.

⁵) Im Original עַ״בַל, wahrscheinlich mit Bezug auf den מַגִיד. Bei Jellinek fehlt dieses עַ״בַל.

⁶) Das Gedicht hat das Acrostichon אֲנִי אַבְרָהָם שְׁמוּאֵל; vielleicht ist es — wie manches andere im שֵׁבֶט מוּסָר — einem anderen Buche entnommen.

⁷) Das hebräische Original des שֵׁבֶט מוּסָר ist nur nach Capiteln (פְּרָקִים), die Uebersetzung zugleich auch nach den Wochenabschnitten eingetheilt.

⁸) הַשׂוֹכֵר אֶת הַפּוֹעֲלִים.

Dado en mi mi יֵצֶר cruel, majorganse como fuego queman, guai por mi de mi יֵצֶר y de mi criador, dos trabantes en el manto.¹)

Mi יֵצֶר asentencian²) escuchan su voz, y mi criador acabidan acabidamientos, que hara el baron que estos a el dos דֵייגִים de גְזֵרוֹת.³)

Fuego, aer,⁴) agua y tierra todos en mi יֵצֶר apegados, quatro cimientos tambien ellos, quatro patres dañosos.⁵)

En mi veer alma tajada, amargura sera en su prostemeria, tambien ella detras de mi יֵצֶר anduvo moza que fue sombayida.⁶)

Quiero por alevantar de madrugada, mi יֵצֶר mi aconseja consejos, dormiras sobre cama hermosa, תְּפִלָּה de la mañana hasta medio dia.⁷)

Lo razone por malicia de su dicho, y el con su razonamiento se aqueja, mi caye delante de el como quien lo trabo desmayo.⁸)

Escuentra de mi יֵצֶר yo no puedo con muchedumbre de טַעֲנוֹת y palabras, meldare en la ley de el Dio, que todos escritas de la santidad escapan.⁹)

Oye y estremeciose mi vientre, como agora sobre mi coraçon despertare, dia que arrebatara mi alma mi atorcedor,¹⁰) el apañan ovejas en el corral.¹¹)

Por que no en mi mano poder, apreto¹²) de mi יֵצֶר fiel de

---

¹) שְׁנַיִם אוֹחֲזִים בְּטַלִּית.

²) Im Original יִצְרִי גוֹזֵר.. Die gewöhnliche Uebersetzung von גָּזַר ist sentenciar (z. B. Esther 2, 1; Hiob 22, 28), was auch das jetzt übliche spanische Wort ist.

³) שְׁנֵי דַייָּנֵי גְזֵרוֹת.

⁴) Aer, wird bei Sanchez als altspanisches Wort angeführt, statt aire, dagegen existirt das vom Lateinischen aer abgeleitete Adjectiv aéreo (aërius). Dass das Adjectiv das ursprüngliche Wort bewahrt, kommt auch sonst oft vor, z. B. im Neugriechischen.

⁵) אַרְבַּע אָבוֹת נְזִיקִין.

⁶) נַעֲרָה שֶׁנִּתְפַּתְּתָה.

⁷) תְּפִלַּת הַשַּׁחַר עַד חֲצוֹת.

⁸) מִי שֶׁאֲחָזוֹ קוּרְדִּיקוֹס.

⁹) כָּל כִּתְבֵי הַקֹּדֶשׁ מַצִּילִין.

¹⁰) Atorcedor (im Original נַפְשִׁי שְׂטָנַי יוֹם יִטְרוֹף) ist die gewöhnliche Uebersetzung von שָׂטַן (z. B. Num. 22, 22, 1. Kön. 11, 14), in den spanischen WBB. findet sich nur torcer, torcedor — ohne anlautendes a.

¹¹) הַכּוֹנֵס צֹאן לַדִּיר.

¹²) Apreto (אַפְּרִיטוֹ) ist in den mit hebräischen Buchstaben gedruckten Schriften die Uebersetzung von מָצוֹק (z. B. Deut. 28, 53, Ps. 119, 143), die Ferrarenser Ausgabe hat Aprieto, was das übliche spanische Wort ist.

viboras, que hare quando se alevantara el Dio el alquilan a los maistros.¹)

Y recordare mi dia y mi noche, porne dia de la muerte delante de el, que no presto peca el quien su muerte echado delantre de el.²)

No escogere morada baxa, de palo y piedra fraguada, comprare casa de morada alta, la casa y la camara.³)

Mi coraçon despertare de adormimientos,⁴) amañaneare⁵) a el Dio y no dormire, que amañaneantes sobre los mundos hay heredantes y hazientes heredad.⁶)

Mi alma y mi coraçon los dos recurrir a el Dio con תשובה, y diran todo ישראל hay a ellos parte a el mundo el vinien.⁷)

ספר חנוך לנער.

Avisa in dito libro palabras sabrosas de los מפרשים y מעשיות temorosos que se deprende de ellos dotrino.⁸)

פה אזמיר יע״א שנת תרכ״ב.
הקדמה המאסף ושמו רמוז בתוכי פונטרימולי.

Im Folgenden gebe ich die Ueberschriften der ersten zehn Capitel (פרקים).

השבת . ליום המילה . למעלה התוכחה . לאור י״ד . לנשואין . לחנוכה
הבית . להסרת העוני . להשגת העושר . לבית אבל . ליא״ד צייט.⁹)

Aus Cap. 3, f. 17ᵇ. Escribieron חכמי המוסר ז״ל, que es bueno a el padre que le envise a su hijo que bese la mano de los חכמים וצדיקים מב״ש a sus קרובים y que reciba ברכות de todos, y con esto

---

¹) השובר את האומנים.
²) מי שמתו מוטל לפניו.
³) הבית והעליה.
⁴) Diese Form des Wortes fehlt in den spanischen WBB.
⁵) Im Original: אשחר אל. Amañanear ist — im Anschluss an das hebräische Wort — die gewöhnliche Uebersetzung von שָׁחַר, so z. B. Ps. 63, 2; 78, 34, Prov. 7, 15, Hiob 7, 21. Mañanear ist altspanisch für früh aufstehen. Die Uebersetzung Constantinopel 1873 hat an allen Stellen buscar de mañana.
⁶) יש נוחלין ומנחילין.
⁷) כל ישראל יש להם חלק לעולם הבא.
⁸) Mit dotrino, statt dotrina, übersetzt auch die Wiener Bibelübersetzung das Wort לֶקַח, Prov. 1, 5; 9, 9; 15, 21.
⁹) Von der weiten Verbreitung des Wortes „Jahrzeit" habe ich in meiner jüdisch-deutschen Chrestomathie (p. 285) gesprochen.

terna muncho (מונגו) provecho. Y escribio חִידָ̈א מוּפָה הַדוֹר ... רב̇
הזהר בגליון,[1]) que es buena a la presona[2]) quando le besa la mano
algun hijico (איזיקו), que le diga אלהים באפים ובמנשה יִשִֹימְךָ, y con
esto lo escapa de עֵין הרע.[3]) Por dito razon usan el עולם a dezirle
a la criaturica gica יא̈בּו, que es יְשִֹימְךָ וגו׳ רֽ̈ת, segun lo avisa el
רב̇ מעם לועז (סוף ויחי), y escribio que la ברכה que bendize la presona
a su חבר באשמרת הבקר es recibido en los cielos mas que todas
las horas.

F. 18ᵃ. (Aus ראשית חכמה ̇ס.) Se alexe la presona de quitar
לאקירדי[4]) feo de su boca, מב̈ש no sea que deprenda su hijo de el
hablar לאקירדים feos חֽו̈.

F. 22ᵇ. Y sabras que la madre de שלמה המלך ע̈ה se acabido
muncho en esto segun dixeron en el מדרש (שמיני י̈ב נשא פ̈׳). Dize
ר̇ ישמעאל, la noche que cumplio שלמה המלך a la fragua de el בה̈ם
se caso con la hija de פרעה y tenia שלמה המלך en aquella noche
dos alegrias, la alegria que se estreno el בה̈ם y la alegria de su
muger. Los חכמים dizen mil modos de tañeres truxo la muger de
שלמה המלך y tañieron todos en aquella noche. Que hizo בת פרעה?
Espandio una sabana muy estimada enriba[5]) en la cama de שלמה
y colgo en esta sabana joyas y piedras buenas[6]) y diamantes y
estaban alumbrando como luna y estrellas, y quando queria שלמה
alevantarse de su cama, y alevantaba sus ojos miraba dita sabana y
le parecio que era ainde[7]) de noche y se dormio de nuevo. Y en
aquel dia estuvo שלמה המלך dormiendo hasta las quatuor horas

---

[1]) Unter חיד̈א ist ohne Zweifel חיים דוד אזולאי gemeint.
[2]) Für Persona wie oben.
[3]) Dass der Glaube an עין הרע unter den Juden im Orient sehr ver-
breitet ist, ersieht man auch aus Luncz Jerusalem (I, p. 19 fg.). Ein sehr
interessantes Beispiel gibt auch Borrow (Zincali, or the Gypsies in Spain I, 146 fg.).
[4]) Quitar לאקירדי feo, bedeutet einen hässlichen (unanständigen) Ausdruck gebrauchen. לאקירדי ist das türkische läkardi — لاقردى ,لقردى —
Wort, Gespräch.
[5]) Enriba für das gewöhnliche arriba, findet sich nicht in den WBB.
[6]) Piedras buenas ist Uebersetzung von אבנים טובות, da im Spanischen
dieser Ausdruck ungebräuchlich ist.
[7]) Ainde, hier wohl so viel wie „noch", fehlt in den WBB.

de el dia, y estaban יִשְׂרָאֵל muy en טְרִיאָקִים‎¹) que era primer dia
que se estreno el בֵּה״מ y se allego el תָּמִיד שֶׁל שַׁחַר despues de las
horas de el dia por סִבָּה que tenia las llaves de el בֵּה״מ debaxo de
su cabeza, y se espantaban de destpertarlo por miedo del מַלְכוּת.
Fueron y se lo dixeron a su madre y fue su madre y lo desperto
y lo castigo, segun dize ר׳ יוֹחָנָן en este אָמַר יִכְרְתוּ אֲשֶׁר בָּסוּק : Vos
(מוּם) envisa que lo ato su madre en una vega y tomo el sapato y
lo iba acharbando²) y le dezia:

מַה בְּרִי וּבוֹ ע׳ זוֹהִ״ק פ׳ וְאֶת שְׁנֵי בְּנֵיהּ דַּף ט׳.

C. 8 f. 37ᵇ. El acabidamiento 16. es lo que no beban טוטון.³)
debaxo de el talamo de חָתָן וְכַלָּה segun escribio עָטְ׳ מוֹרֵנוּ הָרַב שַׁבָּט
בַּחֲלוֹם לְהָרַב הָאֲרִ״י ז״ל que le dixeron מוּסַר (בְּלִקּוּטִים בְּסוֹף הַסֵפֶר), que
el que bebe טוטון debaxo de el talamo de חוּ״ן, su pena es que en
עוה״ב le hinchen los ojos de humo (הֵימִי), וזה כוונת המאמר עָשָׁן

---

¹) טְרִיאָקִים, wahrscheinlich so viel wie „in Verlegenheit" scheint türkisch
zu sein, ich kann aber das Wort nicht finden

²) Das Wort acharbar — אַחֲארבַּאר — das in diesen Schriften öfter
im Sinne von schlagen, züchtigen vorkommt, scheint türkisch zu sein; vielleicht steht es im Zusammenhang mit Kyrbätsch, l'eitsche aus Ochsenleder
— قرباچ — Karbatsche.

³) Tutun (تتن, توتن, دوتن) ist das arabisch-türkische Wort für
Rauchtabak (neugriechisch τουτούνι, polnisch tytun), für rauchen sagt man
Tabak trinken (تتن, ايچمك, شرب تتن), wovon das obige beber tutun
(im Spanischen wird rauchen mit fumar tabaco ausgedrückt). Auch im Neugriechischen sagt man für rauchen: Rauch (ein)ziehen (τραβῶ καπνόν). Auch
in Hebel's alemanischen Gedichten (ed. Karlsruhe 1806, der Carfunkel p. 50, der
zufriedene Landmann p. 178) kommt „Tabak trinken" vor, und im Glossar wird
dieses „trinken" nach der früheren Bedeutung trahere erklärt. Derselbe Ausdruck wird auch von Frisch (WB. unter „Tabak", II, 358) als oberdeutsch und
von Schmeller (unter „Trinken") als im Gebirg gebräuchlich angeführt.

Uebrigens kommt der Ausdruck שְׁתִיַּית טוטון, auch in späteren jüdischen
Schriften vor.

Was das Rauchen unter dem Brautbette bezwecken soll, wird nicht angegeben, vielleicht als Mittel gegen das Nestelknüpfen.

Die Anfangsworte dieser Stelle el acabidamiento 16 beziehen sich darauf,
dass in diesem Capitel mehrere Acabidamientos — Dinge, vor denen man sich
hüten soll — aufgezählt werden, worunter das über den טוטון gesagte das
16. ist.

בְּחוּפָּה לָמָּה וגו׳, y la כַּוָּנָה es, que ¹)אִיחְטִיזָה hay de beber tutun y hazer humo debaxo de el talamo עַבֵּד. Y אֲפִילוּ se quiere tomar la presona algun ²)גִ׳יבּוּק largo y quitar el humo afuera de el talamo con todo esto es אָסוּר.

ס׳ והוכיח אברהם.

Dito libro chico esta ordinado a dotrinar עַמֵּי הָאֲרָצוֹת וְתִינוֹקוֹת שֶׁל בֵּית רַבָּן que caminen en camino derecho en buen andado . . .

Darauf wird ferner auf dem Titelblatte (etwas umständlich) der Verstorbene genannt, für dessen Seelenheil das Buch verfasst wurde, darauf heisst es:

Y sera bien aventurada el que melda en el לְעִלּוּי נִשְׁמָתוֹ de ser en su boca enmentado y rogo al Dio הוּא בָּרוּךְ que sea esto delantre de el enveluntado y seremos זוֹכֶה a ver מָשִׁיחַ צִדְקֵנוּ que esta muy desiado.

פִּי הַמְחַבֵּר הַצָּעִיר אַבְרָהָם פָאלַאגִ׳י תַּחַת מֶמְשֶׁלֶת אֲדוֹנֵנוּ הַמֶּלֶךְ שׁוּלְטָן עַבְּדּוּל עָזִיז יר״ה.

פֹּה אָמִיר בִּרְכָּה אַבְרָהָם לפ״ק.

Kayserling p. 83.

Der Titel והוכיח אברהם (nach Gen. 21, 25) ist mit Bezug auf den Namen des Verfassers, אברהם, sowie auf den Inhalt — הוכחות — gewählt.

Das Buch hat zwei Bände, das hier folgende ist dem zweiten Band entnommen.

T. II, f. 12. . . . Mas sente³) que habia en una ciudad un rico que fraguo un בה״כ de su moneda, y quando lo estreno hizo חֲנוּכָּה de סְעוּדָה, y convido muncha (מוּנְגָה) gente a la סְעוּדָה. En

---

¹) אִיחְטִיזָה entspricht dem türkischen Ikhtiza — اخْتِضَاع — in der Bedeutung sich unterwerfen, was aber hier nicht passt. Es steht aber wohl in Zusammenhang mit Khatieth — خَطِيئَة — Sünde.

²) גִ׳יבּוּק ist das türkische (auch in Oesterreich gebräuchliche) Wort Dschibuk — چِبُوق — Rohr, Pfeifenrohr, neugriechisch τζιμπούκι, Pfeife, polnisch Cybuch, Pfeifenrohr.

³) Mas sente bezieht sich auf die vorhergehende Erzählung, in der ebenfalls vom עַיִן הָרַע die Rede war.

lo que estaban a la עֵזרה tomando muncho כֵּיף¹) quito el בעל הבית
en vaso de la ciudad de כּוֹס, que lo tenia guadrato en sus tresoros,
que non habia como el en mesa de reyes … De vista²) que lo
quito se maravillaron todos los que estaban alli de la hermosura de
esto vaso. Y habia entre ellos uno que era רע עין, y dio su ojo
en el vaso — בי יתן בכוס עינו, y de vista que lo vido se sentia la
voz de el vaso de lexos como tiro, y se partio en dos sin caer en
baxo. Y cayo el בעל הסעודה y se desmayo y los que estaban alli
non los quedo alma y se les volto el כֵּיף y la alegria en lemuño.
El otro dia איחטיזה de ir dito rico a la puerta de el משנה de la
ciudad. En lo que se estaba ende con otro a lado paso un גוי y
tiro un tiro de קרושׂום³) y le vino en el coraçon y cayo y se murio.

פרק מ״ו לחמדן בממון.

F. 61ᵃ. נכסים ל׳ מבוזה — que se encubre de uno y se descubre a otro. — בממון מה אתה מונה, no conta nada que presto va. —
בלעים ∙ ההעיף עיניך בו de hora a hora מעוה מעת לעת que se haze
el coraçon cruel, קשה בכלע.
ואברהם כבר מאוד que tenia la moneda por pesgadia,⁴) que le
pesgaba sobre el רש״י פ׳ מי שאחזו el ser rico muncho non vale y lo
poco vale רובו קשה מיעוטו יפה.

F. 66ᵃ. לייאר צייט … y todo esto es en el שבה de antes,
y no quiero dicho en el dia que le llaman צאיט בלא יאר que estonces⁵)
tiene חיוב de hazer nochada y llamar תלמידי חכמים a que melden
לעלוי נשמתם … Y la מצוה de כבוד אב ואם es una מצוה tan grande
y pesgado que אפילו el בן אדם se acabida muncho con todo esto no
puede salir ידי חובה a carar que dixeron en el ירושלמי, que el
בן אדם es aparejado para dar דין y חשבון por lo que אחאריבה a la
madre en los pechos quando lo esta alechando.
Y con el כבוד que haze el בן אדם al padre, y a la madre es
חובה a estar en גע en מעלה grande, segun trae רב סדר הדורות,

---

¹) כֵּיף ist das türkische Keÿf (كيف), guter Humor, Fröhlichkeit, namentlich in Folge genossenen Weines.

²) De vista in der Bedeutung Sobald als, alsbald, fehlt in den spanischen Wörterbüchern.

³) קרושׂום ist wahrscheinlich der in der Volkssprache gebrauchte Ausdruck für das türkische kurschun — قورشون — Flintenkugel.

⁴) Pesgadia und pesgar fehlt in den spanischen WBB.

⁵) Estonces, altspanisch für entonces.

(א״ע ק״ג), que a ר׳ יהושע le dixeron בחלום, estate alegre que tu y un hombre que se llama נגם הקצב, que es un carnicero tenes que estar guntos en גן עדן en un lugar. y el lugar tuyo y el suyo son igual. En lo que se desperto ר׳ יהושע empezo a pensar en su coraçon y dixo: Guay de mi que de el dia que me conosco a mi fue caminando de contino ביראת ה׳ y non lazdre otro que en la ley, y non camine quatro pecos sin ציצית y תפלין, y fue זוכה a tener תלמידים, y agora estan pesando los מעשים meos y la ley que melde con esta presona que es un carnicero. Envio ר׳ יהושע y llamo a los תלמידים y les dixo: Que sepas que yo non entro a la ישיבה hasta verlo a esta presona que tiene que fue זוכה a ser חבר mio en ג״ע. De vista se alevanto ר׳ יהושע con los תלמידים, y fueron caminando preguntando de ciudad en ciudad quien sabe qui es esta presona hasta que supieron quien era y en que ciudad estaba, y vinieron a la ciudad. En lo que entro ר׳ יהושע en la ciudad dimando ande esto נגם הקצב. Le dixeron a ר׳ que lo quiere y que איחטיזה tiene de topar con el y su Merced, que es hombre grande צדיק y חסיד. Les dixo ר׳: Que son los מעשים suyos? Le dixeron: su Merced no dimande antes de verlo. De vista lo enviaron a llamar y le dixeron a el: ר׳ יהושע te quiere a que vayas ante el. Les respondio נגם y les dixo: Que so yo que ר׳ me quiere a me? Le dixeron a el: Alevanta y vien con nosotros. Entendio נגם que todo lo que estan diziendo es mentira y les dixo: Non quiero ir con vosotros, que vos quieres זיפקליניאר¹) de me. De vista tornaron ande ר׳ יהושע aquella gente y le dixeron: Su Merced es luz de nuestros ojos, luz de toda אומה ישראלית, corona de nuestra cabeça. Nos envio a llamar a una presona como esta, que el quiso non venir con nosotros. Les dixo ר׳: Cale sepas que yo non entro asentarme hasta verlo a este hombre. Fue ר׳ el propio cerca de el. De vista que lo vedo נגם הקצב a ר׳ יהושע, se echo enriba de las caras²) de ר׳ y le dixo: מה היום

---

¹) זיפקליניאר ist wahrscheinlich das türkische zevklenmek (ذوقلنمك), verspotten, zum Narren halten, so heisst es z. B. f. 97ª: אסור גדול רי זיפקליניאר
ר׳ תח׳ . „Mek" ist die türkische Endung des Infinitiv.

²) Caras statt cara ist wahrscheinlich die wörtliche Uebersetzung von פנים, das gewöhnlich mit dem Plural fazes wiedergegeben wird.

מיובים que la corona de ישראל vino delantre de su esclavo? Le dixo ר״: Tengo una dimanda de dimandarti. Le dixo: Hable en la buena hora y demande. Le dimando ר״ y le dixo: Que son tus מעשים y que es tu oficio? Le respondio y le dixo: Cale sepa Señor que mi oficio es que so carnicero y tengo padre y madre זקנים, y non se pueden sustener en pies, y en cada dia y dia los vesto yo con mi mano y les do a comer y a beber y los lavo, y despues me vo a mi hecho. Quando oyo ר״ esto, de vista se alevanto en pies y lo beso y le dixo: Beato a ti! מה טוב חלקך ומה נעים גורלך, y beata mi parte, que tuve זכות ser tu חבר in גן. Hasta aqui es el מעשה.

Zur Charakteristik des Buches gebe ich noch folgende Einzelheiten:

F. 25ᵇ. Las cosas que por ellas es זוכה el בן אדם לאיש ומי האיש החפץ חיים וגו׳, se acabide en ellas y los tenga en tino.

El que madruga y unocheze al (ברכות דח״) בהכ״מ ובהמ״ד.

Qui alarga en el (שם דף ד׳) בית הכסא.

El que alarga en la mesa (ברכות דנ״ד), y la razon es que a las vezes viene algun עני en aquella hora y le da de su mesa.

El qui melda תהלים en cada dia.

El qui es ברחן que quita ansia de la gente.

El qui acabida muncho de non comer גרוש¹) de otros.

El qui non habla habla fuerte con el que esta cuentra²) de su סברא y non risponde con ארסיזליק.³)

---

¹) גרוש ist höchst wahrscheinlich das türkische Grusch — غروش — Piaster, das aber auch für andere Münzen gebraucht wird. In der Volkssprache wird das Wort allem Anschein nach auch im Sinne von „Geld" gebraucht, wie auch sonst die Benennung einzelner Münzen in diesem Sinne — pars pro toto — gebraucht wird. So das talmudische מעוה von מעה, arabisch (und türkisch) Dirhem (درهم, wovon مكدرهم, reich), fulus فلوس (Pl. von فلس, obolus), türkisch aktsche اقجة, Asper, dann auch Geld, ebenso neugriechisch, ἄσπρα. Auch das italienische Danaro, spanisch Dinero stammt vom lat. Denarius das selbst zuweilen metonymisch für Geld gebraucht wird. (Bei Perez de Hita Don Dinero, ebenso in mittelhochdeutschen Gedichten Herr Pfenning.) In ähnlicher Weise werden in der deutschen und französischen Umgangssprache „Batzen" und „écus" für Geld gebraucht.

²) Cuentra statt contra findet sich nicht in den WBB.

³) ארסיזליק ist das türkische arsislik — عارسزلك — Unverschämtheit, Frechheit.

Ueberschriften einzelner Capitel:

לחנובה הביה, d. h. was man thun soll, wenn man in eine neue Wohnung einzieht.

למעלה הזקנים · למעלה היסורים · למעלה התפלה · למעלה התשובה ·
לברית מילה · קייאר צאיט · למעלה השלום·

Als Beispiele für die Ermahnungen werden auch viele Geschichten erzählt.

Der Erzählung von ר' יהושע und נגב הקצב durchaus ähnlich ist eine Legende in den Leyendas moriscas, betitelt: „La leyenda de Moises con Jacob el carnicero" (I, 316—322, cf. meine Beiträge p. 291). Hier ist es Moses, der Gott bittes, ihm zu sagen, wer dereinst sein Genosse im Paradiese sein werde. Es wird ihm hierauf die Antwort er solle nach der Stadt Motazai in Syrien gehen, dort wohne ein junger Mann, ein Metzger Namens Jakob und dieser sei es, der ihm zum Genossen im Paradiese bestimmt sei. Moses findet diesen Jakob in seinem Hause. Während Moses in dem einen Zimmer ist, ist Jakob im Nebenzimmer. In diesem befinden sich seine Eltern, die vor Altersschwäche so hilflos sind wie Kinder und die ihr Sohn ebenso pflegt und wartet, wie das bei Kindern geschieht, indem er sie ankleidet, wäscht und ihnen zu essen und zu trinken gibt. Moses, der das Gespräch zwischen dem Sohne und seinen Eltern mit anhört, kann sich des Weinens nicht enthalten. Dann sagt er zu Jakob: Ich bin Moses, Sohn Imrân's und ich bin zu dir gekommen, um dich kennen zu lernen, denn du wirst dereinst mein Genosse im Paradiese sein. Jakob theilte dieses seinen Eltern mit, und diese, hocherfreut über diese Kunde, hauchten ihre Seelen aus.

מקור חיים.

Traslado en ladino עי" חיים אברהם עוויאל.

Dieses, aus vier Theilen bestehende Buch wurde 5619—5621 (1859—1861) theils in Salonichi, theils in Smyrna gedruckt. Kayserling p. 106.

Das Folgende ist dem dritten Bande (f. 67ª) entnommen.

Escribio el רב אליהו הכהן en el libro מדרש תלפיות de nombrado[1]) מהרב שבתי כהן en el עניו בת היענה, que es una ave quando pare los guevos[2]) los mete en lugar alto y se esta en lugar lexos

---

[1]) De nombrado bedeutet im Namen (des Urhebers eines Spruches).
[2]) Guevos für huevos.

en frente de estos guevos y los va mirando a no quitar el tino¹) de ellos un punto. Y si le aparejo que viene alguna חיה estaja²) su vista entre ella y entre los guevos y mata a aquella חיה para modre (באר״ה מור״י)³) de achaques⁴) de aquel estajamiento. Y por esto usan de ditos guevos de la ganga⁵) en algunas קהלות para amostrar a todos de el קהל que el עיקר de la תפלה es la כוונה, y no sea alguna cosa estajan entre el y entre su padre que es en los cielos. Y les quevos son tambien רומז que de continuo los ojos de השי״ת estan sobre la אומה ישראלית a no estajar un punto. Y con esto nos anvisamos que no se puede sifkliniar⁶) חו״ sobre dingun⁷) מנהג de ישראל.

(T. IV, f. 78ª von der Busse). Y que mire el בן אדם el אחרית asegun escribio el הרב חובת הלבבות ז״ל estas palabras:⁸) Mi alma, mi alma, apareja vianda⁹) mucho y no apoca en lo que

---

¹) Tino, bedeutet hier und in anderen Stellen: Sinn, Herz.

²) Estajar hat eine ähnliche Bedeutung wie das altspanische destajar: hemmen, dazwischen treten, unterbrechen.

³) Para modre ist wahrscheinlich — mit der gewöhnlichen Versetzung des R — para (par', por) amor de = wegen, in Folge von. So übersetzt de Oliveyra (s. v. בנה) מבני mit para mor. wahrscheinlich ein Druckfehler für par amor, und ebenso wird das מבני Gen. 27,46; 41,39, Ex. 1,12; 9,11, Num. 22,3 in der Wiener Uebersetzung mit para modre, para morde, por amorde übersetzt.

⁴) Mit achaques in der Bedeutung falsche Beschuldigungen wird das עלילות Deut. 22,14 übersetzt, wie das להתגלל Gen. 43,18 mit achacarse, welche Bedeutung aber hier nicht passt. Achaque bedeutet aber auch Unwohlsein, Krankheit und eine ähnliche Bedeutung hat das Wort auch hier.

⁵) Die Wiener Pentateuchübersetzung, sowie חשק שלמה übersetzen בת היענה Lev. 11,16 mit hija (fija) de la ganga (de Oliveyra, Schauffler und die Ausgabe v. J. 1873 mit Avestruz, die Marginalübersetzung mit Autillo). Im Diccionario der Akademie ist Ganga Tetrao alcata (letzteres vielleicht das arabische القطا). In obiger Stelle ist jedenfalls von einem Straussenei die Rede.

⁶) Sifkliniar, spotten, wie oben.

⁷) Dinguno für ninguno wie oben.

⁸) Die folgenden Worte sind der Ermahnung (תוכחה) des Bechai entnommen, die mit den Worten ברכי נפשי את ה beginnt und so fortfahrend die eigene Seele apostrophirt. Diese Ermahnung findet sich auch im römischen Machsor ed. Bologna 5301, Th. II, Bogen 9, p. 3.

⁹) Vianda, im Texte צדה, hat hier die Bedeutung des spanischen Viatico, und ist damit metaphorisch die Vorbereitung für jenes Leben gemeint, wie dieselbe Deutung des Wortes צדה bereits oben (p. 77) vorkam. In demselben Sinne

estas vivo y hay poder en tu mano, que grande es el camino, y no digas a mañana tomare vianda que hec hoy non sabes lo que va acontecer mañana, y el dia este non va voltar mas, y de todo lo que obrastes en este dia haz חשבון, y no digas a mañana lo hare, que el dia de muerte esta encubierto, y no digas a mañana pagare la taxa, que la muerte envia su saeta y su arco, y no te detardes de hazer lo que es a hazer dia por dia, que como el paxaro que se esmove de su nido, ansi el varon se esmove de su lugar.¹)

Y ansi משה רבינו dixo: Makari (מאקארי)²) los sabios entienden esto que paran mientes sus postemerias,³) y ansi דוד המלך dixo: Como solombra nuestras dias sobre la tierra, makari que fuera como la solombra de la pared, como solombra de arbol que esta muchos dias, sino e como la solombre de ave de los cielos, que vola y no se vee.

ס' טובה תוכחה.

Dieses Buch — hebräischer Text mit Ladinoübersetzung, letztere in vocalisirter Quadratschrift — enthält, wie auf dem Titelblatte gesagt wird, Stellen aus Talmud und Midrasch, aus dem זהר, dem פלא יועץ, ס' החרדים, ס' החינוך von R. Elieser Papo und anderen Schriften ähnlichen Inhalts. Die Eintheilung der einzelnen Rubriken ist nach den Wochenabschnitten des Pentateuchs, und so besteht das Buch aus fünf Bändchen nach den fünf Büchern der Thora. In der

---

wird im Talmud זורא, die chaldäische Uebersetzung des Wortes צידה und bei den Arabern زاد gebraucht (cf. ZDMG. XLII, 259). Vianda ist die gewöhnliche Uebersetzung des biblischen צדה oder צידה Gen. 42,25; 45,21, Ex. 12,39.

¹) Prov. 27,8, welche Stelle die Ferrarensische Bibel übersetzt: Como ave esmoviense de su nido, assi varon esmoviense de su lugar. Auch de Oliveyra und Schauffler übersetzen נדד mit esmoverse. In den spanischen WBB. findet sich das Wort nicht.

²) Makari ist ohne Zweifel das neugriechische μακάρι — wollte Gott (utinam), wovon das italienische macari, magari, welchen emphatischen Ausdruck auch die in Italien lebenden Deutschen oft gebrauchen. Das Wort kommt übrigens auch in anderen Sprachen vor, wie ich das ZDMG. XL, 258 fg. nachgewiesen habe. Auch in der neugriechischen Pentateuchübersetzung v. J. 1547 wird das Wort לו Gen. 17,18; 23,13; 30,34 mit מקארי übersetzt.

³) Deut. 32,29. Die Bibelübersetzung Constantinopel 1873 übersetzt diesen Vers: ¡Que diese que fueran sabios, que entendieran esto, que pararan mientes a su prostremeria! Parar mientes wird von Sanchez mit considerar, reflexionar erklärt.

Grünbaum, jüd.-span. Chrestomathie.

Vorrede zum 1. Band nennt sich der Verfasser משה בכ״ר עמנואל שלם", Bewohner von Salonichi. Der 2. Band enthält ausser einer hebräischen Vorrede auch eine solche in Ladino, an des Verfassers Söhne und Schüler gerichtet. Gedruckt wurde das Buch in Salonichi. v. J. 5610 der erste Band, die anderen Bände etwas später.

Aus Band I, f. 9ᵇ.

פ׳ בראשית — גמילות חסדים.

La razon que fue זוכה משה רבינו por ser regidor de ישראל fue por modre (פור מודרי)¹) el רחמנית, el modo que dixeron en el מדרש: Quando era משה pacien sus ovejas de יתרו²) en el מדבר, fuyo de el cabritico³) uno, y currio despues el, siendo que llego a manadero de las aguas, quedose el cabritico para beber. Siendo que vido משה que era sequeoso⁴) y canso lo subio sobre su hombro y lo era llevanto.⁵) Dixo el Santo bendicho el, hay ati piedades⁶) por regir ovejas de בשר ודם חייך tu regiras a ישראל.

Fue sabido en יהודה⁷) la מעלה de la ley. Con todo isto dixo רב הונא, todo el que se entremete en la ley tan solo y non se entremete en גמילות חסדים asemeja como quien non ha el Dio que mampara⁸) sobre el, y fallamos por el en la גמ״א, que venieron sobre el יכורין porque non apiado por aquella bezerra que la llevaban a ella para degollar, y על ידי que apiado despues ansi sobre hijos de raposas apiadaron sobre el de los cielos. (ע״ט״.)

Para siempre ponga el hombra escuentre sus ojos מעשה que fue (חואי) traido in ספר החסידים en חסיד uno que murio y eran a el libros muchos. Venieron sus יורשים y vendieron todos sus libros. Y los צדיקים eran sospirantes por los יורשים, que vendieron libros de su padre. Y era alli חכם uno, y dixo non sospiredes denunciare a vos por qual delito no los libros quedaron en el poder de los

---

¹) פור מודרי, wie oben = wegen, im Original בשביל.
²) Im Original צאנו של יתרו.
³) גדי, in den spanischen WBB. lautet die Deminutifform Cabrititta.
⁴) Sequioso, in der ferrarensischen und der Wiener Uebersetzung das Wort für צמא, durstig (Jes. 32,6; 44,3; 55,1), fehlt in den spanischen WBB.
⁵) והיה מיליבו, auch hier ist durchaus die Uebersetzung eine wörtliche.
⁶) יש לך רחמים.
⁷) נודע ביהודה.
⁸) להגן, mamparar, altspanisch für amparar, kommt nur in den mit hebräischen Buchstaben gedruckten Büchern vor, als Uebersetzung von גנן (Jes. 31,5; 37,35, Zach. 12,8).

יוֹרְשִׁים, porque non era emprestan sus libros a la gente. Bueno a el hombre que melden otros con sus libros y se estruigan[1]) mas de ser sus libros en lugar guardado y baldios.

פ׳ נח — פריה ורביה.

F. 15ᵇ. Denunciartehe oye a mi, y esto vidi y recontare.[2]) Quien que no puede para hablar con su muger, מחמה de hechizo o si se alecudio[3]) con su muger y non le pario, y no da a ella גט, de cierto esto se depierde[4]) de el mundo el este e de el mundo el venien, y todo el que alecudia todos ellos pecan, y ansi dixo ישעיה a חוקיהו que morien tu en el mundo el este y non vivien a el mundo el venien.[5])

F. 16ᵇ. Falsidad la gracia y nada la hermosura muger temedera de el criador ella es de alabar.[6]) Como מעשה que fue traido en חסידים, en escosa[7]) una que no era afeitanse. Dixeron a ella, quien que ve a ti que non tu te afeitas non demanda a ti. Dixo a ellos, siendo que el Santo bendicho el agunta casamientos, non yo me ansio. Y se arrodea[8]) la cosa que la tomo uno תלמיד חכם צדיק.

פ׳ לך לך — מילה.

F. 22ᵇ. Tu compañero y compañero de tu padre non dexes son los עניים, como dixeron en el (הא דף יוד) זוהר: Empezo ר׳ שמעון y dixo, tenemos meldado toda סעודה de alegria aquel contraidor[9]) anda y ve a el si aquella presona aconanto[10]) bien a el probe y

---

[1]) Estruir, altspanisch für destruir.
[2]) אחוך שמע לי וזה חזיתי ואספרה (Job 15,17).
[3]) Im Original שהא. Alecudir findet sich nicht in den WBB., es scheint aber ähnliche Bedeutung zu haben wie das altspanische lechigar, wovon aber nur das Part. lechigado, im Bette (lechiga) liegend vorkommt.
[4]) Im Texte depiedre, Versetzung des R wie oft.
[5]) Im Original wird in Parenthese hinzugefügt: כה חסידים ס׳ תקין.
[6]) Prov. 31,30. Temedero hat in den spanischen WBB. die Bedeutung Timendus. יראה, gottesfürchtig, wird gewöhnlich mit temien de el Dio — a Dio — el Dio übersetzt.
[7]) Im Original בתולה, welches Wort nur in der Wiener Uebersetzung und in der von Constantinopel 1547 mit escosa übersetzt wird, welches Wort sich aber nicht in den spanischen WBB. findet.
[8]) Im Original נתגלגל. In den WBB. findet sich nur die Form rodear.
[9]) מקטרגא. In den WBB. findet sich nur das altspanische Zeitwort contrair, sich einem entgegenstellen.
[10]) Im Original אקדים. Ein Zeitwort aconantar findet sich nicht in den WBB. Hier bedeutet es zuvor, entgegenkommen.

probes en su casa, aquel contraidor se aparta de alli. Y se entra alli y ve enmelezcatina¹) de alegria sin probes y sin bien que aconanto a el probe sube arriba y contria sobre el — el Dio que nos (טוב) escape²) אמן.

F. 25ᵇ. Oyd oyendo³) מעשה que fue traido in בלא יועץ בדיון (אית פדוה) en ר' יהושע בן לוי que era andan con אליהו, y entraron en casa de עני uno. y los honro כבוד grande y en la media noche se alevanto אליהו y mato su vaca de el עני, que era aquerenciado sobre el como niñela de su ojo, y se maravillo יהושע sobre esto hasta que descubrio su secreto que era asentenciado que muriera su muger y hizo כפרה por ella su vaca.

פלא יועץ.

Dito libro contiene temor y moral,
Dulce mas que miel y gota de panal,
Todo quien en el meldara y lo afirmara
En todos sus hechos y careras prospera.

Fue aguntado en לשון הקודש de el הרב וגרישא קדישא חסידא y fue (חוא) tresladado en ladino por mano de su hijo הרב הכולל בישראל לחלל כמוהר״ר יהודה אליעזר המובהק כמוהר״ר אליעזר פאפו זיעא פאפו יצ״ו.

שנת הכו ממתקים וכלו מחמדים לפ״ק.

Estampado en la estamperia de Señor יעקב הכהן שלוסבירג אין ביי״נה. Wien 1870. Druck von J. Schlossberg. In Raschischrift gedruckt. Kayserling p. 84.

Ausser dieser Uebersetzung besitze ich noch das hebräische Original:

ס׳ פלא יועץ עצה טובה קמ״ל רבי . . . . פעולה הדש טוב לעמי רב צדק מידה בקק״ק כליסטרה יע״א . עיר קטנה ואנשיה בגולה חכדים . הה״ה הרב הגדול חסידא קדישא ופרישא כבוד מורנו הרב ר׳ אליעזר פאפו זצ״ל.

Wien 1876. Verlag von Joseph Schlesinger's Buchhandlung.

---

¹) ערבוביא. Das entsprechende spanische Wort wäre mezeladura.
²) רחמנא לצלן.
³) שמעו שמוע.

Wie aus einer, diesem Buche vorangehenden, אזהרה zu ersehen ist, hat der in Jerusalem wohnende Sohn des R. Elieser Papo dieses Buch herausgegeben. Das אזהרה bezieht sich darauf, dass er das ausschliessliche Verlagsrecht dem Herrn Joseph Schlesinger übertragen habe.

Ausserdem besitze ich eine deutsche (d. h. hochdeutsche) in hebräischer Quadratschrift gedruckte Uebersetzung des פלא יועץ. Das Titelblatt enthält ausser dem oben verkürzt angeführten hebräischen Titel noch das Folgende:

Dieses hochwichtige מוסר כפר habe ich wortgetreu übersetzt und mit Anmerkungen versehen. Auch habe ich Erzählungen von אגדת השם" מדרשים und anderen ספרים unter dem Titel הימד דבורה beigefügt, die schön, belehrend und מלא יראה sind.

במני הקטן שבקטנים יהודא כהן קריים מק"ק באניהאר יע"א אב"ד דק"ק יאנפאוואטץ והגליל.

Zweite verbesserte corrigirte Auflage. זמרה לפ"ק. Die im פלא יועץ behandelten Gegenstände sind nur nach der Reihenfolge des א"ב zusammengestellt, so dass die verschiedensten Dinge — die nur insofern in Zusammenhang stehen, als sie alle dem religiösen Gebiete angehören — aufeinander folgen. Die Schlagwörter sind oft ganz allgemein gehalten, so dass man aus ihnen den eigentlichen Inhalt des Artikels nicht ersehen kann. Der Buchstabe א enthält folgende Artikel:

אהבה להקבה — אהבת עצמו — אהבת הבנים והבנות — אהבה — לומדי התורה — אהבת רעים — אבילות — אמונה — אבילה ושתיה — אמת — אבידות לב — ארץ ישראל — אמן — אחים — אחדות — אפיקורוס — אומנות — אסיפה — אורחים — אונאה — אינם.

Unter ב sind folgende Artikel:

ברכות — בית הכנסת — בית המדרש — בזיון — בן — בת — בטלה — בכיה — בנין — בירה — בוחר — בחור — ביש — בשורה — בעלי חיים — ברוים — בר לבב — ברור — בריקה.

Die Ladinoübersetzung umfasst nur die zehn ersten Artikel Buchstaben (א--יוד), der Artikel ישוב ist der letzte. In einem Aviso (אביזו) am Schlusse des Buches äussert der Uebersetzer sein Bedauern darüber, dass er aus Mangel an Unterstützung gezwungen sei, die Uebersetzung abzubrechen. Uebrigens ist diese Ladinoübersetzung keine getreue Wiedergabe des Originals. Es fehlt darin Vieles, das im Original vorkommt und umgekehrt bringt sie Manches, was das Original nicht hat — namentlich einzelne Erzählungen.

Im Folgenden gebe ich einzelne Stellen aus den Artikeln:

Unter אכילה ושתיה p. 47.

... Cale que estemos con כבוד en la mesa por כבוד del criador que esta en la mesa, segun dize el ה פסוק זה השלחן אשר לפני ה'.

חכם גדול מעשה en el רב רבי ישראל נאג'אר, que este Señor era en cantar y hizo munchos פזמונים muy alabadas, y su libro se llamo זמירות ישראל, y era en el דור del רב האר"י זצ"ל. Una noche de שבת estaba cantando en la mesa unos פזמונים que traya alegria de oyr. Y se estaban acogendo los מלאכים en su mesa como quando se acogen a la boda. Ama (אמה)¹) por סיבה de la calor tenia los brazos arremangados. Y salia una voz del cielo, diziendo a los מלאכים, que salgan del lugar de una presona que esta apocando en el כבוד del criador, en siendo que no esta con כבוד en la mesa, y se fuyeron todos. Esta vista la estuvo mirando el רב האר"י de su casa, y presto le mundo האביר²) a el רב נאג'אר de todo lo que paso, y se estremecio de tal oyr y se asento con muncho כבוד y torno a cantar como el principio y los מלאכים tornaron a venir como mas antes.³)

Unter אמת, p. 52. Y traen nuestros חכמים en el מדרש un משל muy hermoso para esto, y es que quando abaxo el מבול en el עולם y no escaparon sino los que entraron en la תיבה de נח. Ama⁴) todos los que entraron en la תיבה no entraron sino marido y muger. בכלל vino la mentira y le dimando de נח que la entre en la תיבה, le respondio נח que no la puede recibir sino se casa. Salio a buscarse un זוג, בן tupo con la mancura,⁵) la dimando por muger, no se queria con tentar la mentira por que se contente le acometio que todo lo que gamo, que sea para ella. Y de estonces quedo que todo

---

¹) אמה ist das türkische amma — اما — aber, jedoch.

²) האביר ist das arabisch-türkische Khaber — خبر — (neugriechisch Χαμβέρι), Nachricht, Kunde.

³) Diese Erzählung findet sich auch im hebräischen Original.

⁴) Ama — אמה — wie oben.

⁵) Mancura, Leichtsinn (im hebr. Original פחתא) fehlt in den spanischen WBB.

lo que gana la mentira se lo llevo la mancura, y no se contenta con tomar solo los גירושיש¹) que se hizo de falsia sino que toma tambien del caudal.

P. 54. מעשה en un רשע, que munchas vezes se determinaba de dexar su camino negro y tornaba en תשובה, ama no se era קאדיר de דאייאניר²) y tornaba al camino negro. Se fue (חואי)³) onde el חכם por que le envise algun remedio. El חכם penso de hazer un remedio con qui se guarde (גואדרי) solo de un pecado, y con esto que este siguro que no torna mas el camino negro. Le enviso y se asiguro de el que reciba de no hablar mentiras, y con esto la gano que si se queria vi a algun lugar de hazer pecado, pensaba, se me demandan onde me fue, que are? La verdad no pucedo dezir, que me hago קייפאדי,⁴) mentiras no puedo hablar, y con esto se fue trabando de los pecades y torno en תשובה cumplida.

Unter ברכות, p. 76. Dixeron חכמים, que el que se aprovecha de este mundo sin ברכה es como si arobara⁵) del criador, y si uno aroba del rey, ya se sabe, que merece muerte, de esto se entiende quanto es la pena del qui aroba del criador. Y mas dixeron חכמים, que el qui come sin ברכה es como se falsara en la santitad del criador. Y mas dixeron, que de la comida se mantiene el cuerpo, y de la ברכה se mantiene la alma, que por esto dixo el צדיק אוכל לשובע נפשו, que el צדיק come por hartura de su alma. Y esta genti que comen sin ברכה merecen pena muy grande, por que es cos que no costa ninguna pena, ningun gasto, y es cosa que se colonia⁶) y se uca אצילו entre el hombre con va compañero, que se arecibe algun regalo de el, lo saluda y lo bendize, quanto y mas

---

¹) Wie oben Piaster, Geld.

²) קאדיר ist das arabisch-türkische Kâder — قادر — mächtig, fähig, im Stande, דאייאניאר ist das türkische daianmek — دايانمق —, der Satz bedeutet also, er war nicht im Stande (nicht stark genug) um zu widerstehen.

³) Das F wird auch hier fast durchaus mit ה wiedergegeben, so הואירכה, fuerça, אחואירה, חואירטי.

⁴) קייפאדי das so viel wie „beschämt" bedeutet (im Original אבוש יאבלם) ist wahrscheinlich ein türkisches Wort.

⁵) Arobar bedeutet hier rauben, stehlen. Das spanische Wort hierfür ist robar, das auch in den übrigen Ladinoschriften (neben hurtar) die Uebersetzung von גנב גזל ist.

⁶) Coloniarse, das hier — wie aus dem Zusammenhang erhellt — soviel bedeutet wie ausüben, anwenden, fehlt in den WBB.

que es יאקישיקלי¹) de bendezir a nuestro criador, que todos los bienes son de su mano.

Anfang des Artikels דרך ארץ, p. 145.

דרך ארץ. La ley del דרך ארץ es muy grande, y ya escribieron חכמים quantas cosas grandes y menesterosas²) en מסכת דרך ארץ, y tambien en los libres de מוסר, como el ראשית חכמה, y שני לוחות הברית, y de שבט מוסר alargaron bastante en estos דינים, que el hombre que quiere ser cumplido calo que busque de meldar y afirmar todos los דינים de דרך ארץ, que cale que sia nuestro דעה mesclado con la gente, que el espiritu de la gente que holga de nosotros, y con esto el espiritu del criador holga de nosotros. Y siempre cale que sospeche de no apesgar sobre su חבר, y quantas preciadas son las palabras de שלמה המלך que dixo, הוקר רגלך מבית רעך, deveda³) tu pie de casa de tu compañero, y dize el refran, Ni onde tu tia ne vagas cada dia.⁴)

En contra quantas vezes que una presona va en casa de su compañero por hazerle honor y se queda horas onde el haziendo לאקירדי⁵) y pasando la hora. Y puede su que su compañero esta ocupado, que tiene algun de hazer y se quiere ir, o que se esta atajando de sus לאקירדים y pensa en su coraçon, que bella encampemos con este pesgado⁶) quando se ira y escaparemos de el. Por esto cada uno cale que pense, que le puede encontrar esto, que ansi quanto mas apoca de ir mejor es, y quando va, quando mas poco habla, mejor es, quanto mas poco esta mejor es.

Artikel דאגה, p. 179.

דאגה. Dize el פסוק דאגה בלב איש ישחנה, que si una presona tiene ansia en su coraçon que la quite, si se puede ayudar con su

---

¹) יאקישיקלי ist allem Anschein nach das türkische jakischik, geziemend, passend — يَاشِق — oder jakischiklik — يَاشِقلِق — Schicklichkeit, Sitte.

²) Menesteroso, das im Spanischen bedürftig (egenas, indigens) bedeutet, wird hier im Sinne von „nothwendig" gebraucht.

³) Devedar ist das altspanische Wort für vedar, welches letztere in den jüdischen Schriften sowohl die Uebersetzung des הוקר Prov. 25,17, als auch die von חשך und חדל (vedarse) ist.

⁴) Das spanische Sprichwort lautet vollständig: A casa de tu tia, Mas no cada dia, A casa de tu hermano, Non iras cada serano.

⁵) Wie oben: Gespräch, hier: Gerede, Geplauder.

⁶) Pesgado, lästig, beschwerlich, fehlt in den WBB.

miollo con munchos penseres¹) que hay que son bastantes de quitar la ansia, es muy bueno, y si no se puede ayudar de se para se, que lo hable con otros que lo pueden ayudar con palabras dulces por quitarle la ansia. Y ya es sabido que la ansia del hombre la haze muncho mal, que le rompe el cuerpo entero, y sus vidas no son vidas. Y para servir al שי״ת no quiere dicho que no tiene el miollo para nada, no puede tocar libro, no sabe lo que dize de תפלות y ברכות, que ansi cale que se acorga²) a hero hazer todos los estudios por quitar la ansia de su coraçon, y hey fuerça (חואירסה) en el meollo de la presona de avollar³) la natura, y dize en משלים de los חכמים העבר אין, דעתיד עדין, דאיה מנין, קום שתה יין, quiere dezir, lo pasado ya se fue (חואי), lo que tiene que ser dainda⁴) tiene que vinir סיקליט⁵) por onde ייאקישיאה,⁶) alevanta, bebe vino.⁷) Y mas hay que pensar otro penser por no tomar סיקליט, y es con meter en tino que todo lo que hazen de los cielos es por bien del hombre. Y hay vezes que el mal es por bien como dize el מדרש sobre el ח׳ רי אנפט בי פסוק אודך, que te tengo que alabar por lo que te arabiates⁸) con me, que esto habla por una presona que tenia que partir por mar. La hora que abaxo para entrar a la nave se le rompio (רונפיין) el pie, torno a casa batiendo y feriendo que quedo del camino. Despues de dias vino האביר que se rompio la nave, empezo a alabar al שי״ת que le rompio el pie y le escapo.

Por fuerça cale mirar remedio de tomar los males con paciencia porque si los vamos a tomar con מיריקיאה⁹) y סיקליט, todos nuestros

---

¹) Das spanische Wort für Gedanke ist nicht pensa, sondern pensamiento, das auch in den jüdischen Schriften die Uebersetzung von מחשבה ist.
²) Acorgarse für „sich bemühen" fehlt in den WBB.
³) Avoltar für umkehren (transilio) findet sich nirgends, dafür voltear.
⁴) Dainda im Sinne des lat. deinde findet sich nicht in den WBB.
⁵) סִיקְלִיט, Sorge.
⁶) יאקישיאה wahrscheinlich ähnlich dem oben erwähnten türkischen jakischik.
⁷) Dieser Spruch sowie das vorhergehende ראגה בלב איש ישחנה — wobei aber die talmudische Erklärung Joma 75ᵃ angeführt wird — ist so ziemlich das Einzige, was auch im hebr. Original vorkommt, in welchem auch die beiden folgenden Erzählungen fehlen.
⁸) Arrabiar, das allerdings ein italienisches Wort ist, fehlt in den spanischen WBB., aber auch in den jüdischen Schriften wird התעבר, התאנף, אנף mit ensañarse wiedergegeben.
⁹) מיריקיאה scheint „Sorge" zu bedeuten.

dias seran doloriosos, que este mundo es el mundo de las ansias, y nunca manca los encontros malos, y no hay ninguno (דיננוּ) que este libre de צער y apritos, אפילוּ el que mas parece que tiene todo bueno.

מעשה en אלבכנדרום מוקדון que era un rey muy potenta, y entremetido en guerras, venciendo y pujando la grandeza. En la flor de su mancebez¹) le tomo la muerte por camino, y el se conocio en se que se va a murir, y penso que quando le va a venir el חאביר a la madre se va a quitar los ojos. Por apacenciarla²) que hizo? Le escribio una carta y le dio aviso de su muerte, y le dimando de ella que le haga este placer, que haga comidas buenos y que de a comer por su alma, y quite pregones, que todo el que no tiene צער en su coraçon ni amargura en su tripa, que venga al איייאפ׳יט.³) No quiere dicho que la madre aparejo muncho y quito los pregoneros. El primer dia no vino ninguno, segundo dia no vino ninguno, trecer dia no vino ninguno. Dimando que le digan la razon. Le dixeron que non se tupa presona sin amargura. Estonces entendio la חכמה del hijo que se lo hizo por que vea que esto es el mundo entero, y con esto que tome su mal con muncho paciencia y se apaciencio.

Aus dem Artikel זיווג, p. 229.

Mas dixeron חכמים מהון מהון ארבע מאה זוזי שויא, que la paciencia vale quatro cientos ducados. Todo modo de cosa quiere hecho con paciencia y no correr. como tomar muger, que si הם ושלום es negra, sus vidas son mas amargas que la muerte, mal de dia, mal de noche, antes que cases, mira lo que hazes⁴) que se informe al principio por las מידות de la muger que sean buenas y mañas buenas. Y mejor es mirar la bondad de la muger, que mirar los גרושים y la hermosura. Y dize el בפוק חכמות נשים בנתה ביה וגו, que la muger sabia fragua la casa y la loca con su mano la deroca. Es bastante este penser por meter las mientes en las hijas que sean bien criadas de cumplimiento y de buenas mañas, por que como son

¹) Mancebez ist die gewöhnliche Uebersetzung von בחרות שחרות, Koh. 11,9. 10; 12,1, auch zuweilen von ערנה Gen. 18,12, in den spanischen WBB. fehlt diese Form, das altspanische Wort für Jugend ist Mancebia.

²) Von paciencia (das hier immer פאסיינשייא geschrieben wird) gibt es im Spanischen keine Ableitung. Für beruhigen, besänftigen gebraucht man apaciguar.

³) איייאפ׳יט ist das arabisch-türkische Ziafat — ضيافت — Gastmahl.

⁴) Ein bekanntes spanisches Sprichwort bei Sarmiento: Antes que cases, cata que fazes.

buenas pasan bueno los maridos con ellos, y lo bueno es para ellas, que la mugar es el דומין¹) de la casa, y el pasar bueno o negro esta en sus manos.

Anfang des Artikels זוהר, p. 238.

זוהר. El meldar el זוהר es cosa alta y alimpia y santifica la alma del hombre, y אפילו el que no sabe meldar y melda yerrado, con חשק de lo que su alma esta apegado²) con su criador, este meldado le pasa מאחבול³) y lo recibe, como la criadura gica que no sabe hablar, y con aquella boca de האנדראזום⁴) habla medios verbos que les tiene muncha gracia al padre y a la madre, lo propio es esta cosa. Y con esto no se puede ser פטור el hombre de meldar por no saber meldar, que puede meldar lo que sabe y como lo sabe. Y hay en el זוהר הקדוש munchas cosas que las puede entender qualquier hombre, y son palabras muy dulces y מוסר muy bueno, que sontraen⁵) el coracon para servir al ש״ית.

Aus dem Artikel חמדה, p. 256.

מעשה en un filosof⁶) grande que habia en una ciudad y era muy publico y conocido por cumplido en todas las מידות buenas y alexado de todo modo de vicios y descos del mundo. Encontro de venir en aquella ciudad un חכם grande en la חכמה del שירטוט, que es el conocer todos las naturas del hombre de las arajaduras⁷) que tiene en la planta de la mano. El filosof lo quiso apribar al חכם si es verdad que se entiende quito la forma de su planta en cera y le mando la forma por mano de los התלמידים, con que los encomeendo que no le digan de quien es la forma. Los התלמידים se la amostraron. El חכם les dixo, que la forma de esto mano amostra que la natura de este hombre es rabioso, puntable,⁸) zeloso, pleitista, escarbo, accorido

---

¹) דומין ist das türkische dümen — دومن — Steuerruder.

²) Apegarse ist altspanisch für pegarse.

³) מאחבול — im hebr. Original מקובל — ist das arabisch-türkische makbul — مقبول — angenehm, angenommen.

⁴) האנדראזום ist mir unbekannt.

⁵) Sontrayer kam bereits oben (p. 11) vor.

⁶) Der Form filosof — statt filosofo — liegt vielleicht פילוסוף zu Grunde. Im hebräischen Original fehlt übrigens diese Erzählung.

⁷) Die spanischen WBB. haben nur die Form rajar, spalten.

⁸) Puntable, das hier wohl soviel wie empfindlich, reizbar — italienisch puntiglioso — bedeutet, findet sich in den spanischen WBB. unter der Form puntoso.

detras de los vicios, comer y beber y borrachear cantares y tañeres. Los תלמידים, quando oyeron esto, entendieron que el חכם no sabe ni se entiendo en nada, que ellos lo conocen al filosof al contrario de todo lo que les dixo. Tornaron onde al filosof, le dixeron, que el חכם tan alabado salio calabaza¹) que ansi y ansi les dixo. Les encomendo que le aparejan la carroza, que merece de hazerle visita, que amostro que es חכם grande, que todo lo que les dixo es la verdad, que esto era su natura, y que el con su meollo y avolto la natura.

Aus dem Artikel חוזק, p. 274.

מעשה en un rico potente que se llamaba נתן. Esto rico metio ojo en una muger que se llamaba רחל, que era muy hermosa, y era muger de un pobre (פרובי). Esto נתן hizo munchos ingenios y munchas acometanzas²) por alcanzarla, y no gano nada por que era muy honesta. Y נתן de la סִיבְּרָה³) que tenia en ella, ni su comer era comer, ni su dormir era dormir, que todo su penser era en ella, hasta que se hizo enfermo de la enfermedad de la סיברה. El marido de רחל de la pobredad (פרובידאד) hizo dendas, no tuvo para pagar, los deudores lo echaron en prision. Estaba llevando muncho mal, y no vio remedio por escapar de la prision. El refran dize, la hambre y el frio trae a la puerta del enemigo. Se determino mando y llamo a רחל su muger, le dixo que ya le toco el cuchillo al hueso, que ansi no hay otro remedio mas que vaya onde נתן y que tome de el los גרוש de la deuda que debe, para salir de la prision. La muger se estremerio de oyr tal cosa y no le atorgo. El marido le dezia cada dia, que ella lo que esta esperando es esta hora que el se muera en prision para ir ella y casarse con נתן, hasta que la muger se determino de ir onde נתן. Quando entro de la puerta de la calle curio una esclava, le dio בשורה a נתן, que רחל entro de la puerta. Por esto la hizo אזאט.⁴) Entro רחל en la camarita, le dimando que le de el importo de lo que se debe a los deudores, se lo dio. Despues le dixo רחל. Yo quando entre a venir aqui ya se

---

¹) Calabaza — Kürbis — wird auch für Dummkopf gebraucht; salir calabaza bedeutet: als unwissend erscheinen.

²) Dieses Wort fehlt in den spanischen WBB.

³) סיברה, das hier soviel wie Sehnsucht bedeutet, ist das türkische Sevda — سودا — Verlangen, Leidenschaft.

⁴) אזאט ist das persisch-türkische azād — آزاد — frei; la hizo אזאט bedeutet also: er schenkte ihr die Freiheit.

entiende que es sobre todo, y agora en tu mano esto, sois patron de hazer lo que quieres. אמה una cosa te digo, que te vino a la mano de ganar una ganancia grande, te digo que la hora del ganar no te encante, y es que tu en tu mundo muncho negro tienes hecho. Si sois קאדיר de oprimir a tu יצר, pasas un punto, vives un mundo, por romper tu desio lo ganas el עולם הבא. Y נתן se enfortecio sobre su יצר y lo mando a רחל y no la toquo. La muger le llevo la moneda al marido y el salio de prision. Le conto רחל como paso el cuento y no se crio y tenia la lastima en su coraçon. נתן paso un dia por debaxo de las ventanas de la ישיבה de רבי עקיבא. Les dimando ר׳ עקיבא a los תלמידים que le dixeron quien es este que pasa. Le dixeron que es נתן que no dexo עבירה que no hizo. Les dixo que se lo traigan onde el. Lo truxeron. Le dixo: Yo esto mirando que tienes ניצוץ de la שבינה en cima de tu cabeça, cale que sea que te paso alguna cosa grande de מצוה o de escapar de pecado. Le conto de todo lo que le paso con רחל. Le dixo ר׳ עקיבא אשריך que hiziste esto, que ansi quiero que no te manies de alado de mi. Y fue pajando cada dia en la ley y el חסידות, y le metio el nombre ר׳ נתן ניצוציתא por el ניצוץ de la שבינה. El marido de רחל fue a la ישיבה de ר׳ עקיבא, lo vido a נתן asentado a lado de el, se maravillo y dimando que es el hecho. Le contaron lo que se paso. Aquella hora supo que lo que le dixo la muger fue la verdad y quito la lastima de su coraçon.[1])

ספר משיבת נפש

es declaro de las אזהרות y avisa el declaro de todas las מצות en ladino, hecho como el molde de el מעם לועז que todo padron de alma[2]) que quiere saber el declaro de las מצוה puede entender el saber por dito libre declaro de cada מצוה y מצוה, y es acogido de los señores חכמים ז״ל, como lo veran cada cosa por su lugar aseñalado de que señor es.

---

[1]) Diese Erzählung von נתן ניצוציתא — oder רצוציתא wie es anderswo heisst — die im hebräischen Original fehlt, wird in mehreren, von Perles (Zur rabbinischen Sprach- und Sagenkunde p. 871) angeführten Schriften erzählt. Der hier gegebenen liegt die in R. Nissim's חבור יפה מהישועה (ed. Amsterdam 29 b) erzählte zu Grunde.

[2]) Padron de alma entspricht wohl dem hebr. בעל נפש.

נדפס פה קושטנדינא שנת זאת חקת התורה לפ̇ק̇.
Kayserling 99, 109.

Der Name des Verfassers ist auf dem Titelblatte nicht genannt, er findet sich aber am Schlusse der beiden Vorreden — die eine hebräisch, die andre ladino — nämlich שבתי ויטאש. Derselbe Name bildet auch das Acrostichon eines Gedichtes, das auf die hebräische Vorrede folgt.

Diesem Buche beigebunden ist ein anderes mit demselben Titel, nur dass es hier heisst y avisa el declara de מצות לא תעשה. Darauf heisst es weiter:

יבדתיו והבינותיו ממאמרי ז̇ל̇ ומספרי הפוסקים אני הפעוט שבתי
ן̇ לאא כה̇ר̇ יעקב ויטאש ה̇י נדפס פה קושטאנדרינא בשנת באיש̇ר̇ ה̇ אתי לפ̇ק̇.

Im Chronosticon des ersten Buches (508) oder in dem des zweiten (504) scheint ein Druckfehler zu sein, da das zweite Buch doch jedenfalls dem ersten folgte, wie man auch aus den Ausführungen des Verfassers ersieht.

Unter den אחרות sind — wie man aus der Vergleichung ersieht — die der Gabirol gemeint.

Im zweiten Band (f. 40ᵇ) findet sich unter den Verboten: ולא תדרוש שלומים לאבירים וקמים. Mit Bezug darauf wird auf das im ersten Bande 52ᵃ vorkommende Gebot ועיר יד שולחת למלט משחת und die dort gegebene Erklärung hingewiesen, dass wenn eine belagerte Stadt Frieden zu schliessen wünscht, man ihr diesen Wunsch gewähren soll. Es wurden hierauf viele Stellen angeführt, um daraus den hohen Werth des Friedens zu beweisen. Darunter ist auch die folgende Erzählung.

... Grande y estimado es el שלום, que el nombre santo y alabado del Santo, bendicho el, que se escribia con קדושה lo arematabanⁱ) en el agua de la סוטה en tal que tuvieron paz marido y muger. Y topamos מעשה en ר̇ מאיר, que darschaba (דארשאבה)²) cada noche de שבת. Habia ahi una muger que lo estaba oyendo el דרוש y se quedo oyendo hasta que se acabo el דרוש. Quando ya se fue ella a su casa topo la candela que ya se habia amatado. Le pregunte su marido onde estuvistes tanta hora? Dixo ella, oyendo el חכם. Juro el, como no la tenia de dexar entrar en casa, si no

---

¹) Arrematar kam oben (p. 44) vor, wie auch amatar.
²) Darschar, wie oben, von דרוש gebildet.

iba la muger y escupia en la cara del חכם. Quedo aquella Judia afuera de su casa tres semanas, siendo no era posible de hazer lo que acometio el רשע de su marido. Le dixeron la vecindad ainda[1]) estas anojadas y no vos pasa la rabia, lo bueno es que vayamos todos onde el חכם a ver si es que topara algun remedio. Fueron delantre el חכם que era ר׳ מאיר, y quando los vido lo alcanzo a saber con רוח הקדש todo lo pasado. Penso una המצאה y les dixo: Quisas se topare entre vosotros quien sabe precantarme el ojo que lo tengo doliente. Le dixeron las vecinas a aquella muger, agora es la hora de cumplir la voluntad de tu marido, que con achaques de precantarlo le escupiras en su cara, que ansi es usanza de los precantadores que escupen. Se asento aquella muger a precantarlo, empero no le abasteria su coraçon de hazer tal cosa, y tanto fue su miedo y su resisto a tanto que le dixo a מאיר, perdonemi (פידרונימי) su Merced, que yo no me entiendo en precante. Le dixo ר״מ con todo esto escupa en mi cara siete vezes y ello me melezinara. Vino ello y le escupio siete vezes. Le dixo ר׳ מאיר, va dile a tu marido, tu dixistes que le escupiera una vez, empero yo le escupi siete vezes. Le dixeron a el sus תלמידים, bueno o Señor חכם, es razon esto de menospreciar la ley? Les dixo a ellos, no le abasta a מאיר de ser egual mente de su criador, que ר׳ ישמעאל dize, grande es el שלום, que el nombre santo del שי״ת que escribio con קדושה, dixo el Santo bendicho el, que se aremate en las aguas que le daban a beber a la סוטה, para meter paz entre marido y muger, y siendo ansi no es maravilla si yo me dexe escupir en la cara para meter שלום entre marido y muger.

סדר תיקון סעודה

menesterosos דינים y בפי שערי ציון אי אנייארי אין איל אהקיני סעודתה en ladino y llame nombre de el libro מאיר׳ ה׳ לפני אשר השלחן זה . הצעיר משה בלאא עט״ר החה״ש דוד ב׳ משה אלקלעאי ה״י פה בילוגראדו יע״א שנת טיר״ת בכ״ף.

Kayserling p. 10.

---

[1]) Ainda fehlt in den WBB.

תקון סעודה.

מפי ותיקין ואנשי שערי ציון, que es asementado en תיקון כפי estampado en "מעשה צפתאי ירושלים הוב"ב.

Antes de todo diga וידוי, y despues de el וידוי melde el סדר.

Hierauf folgen Bibelstellen, in denen von Speise und Nahrung sowie von Gott als dem Spender derselben die Rede ist, hierauf Psalm 23, ein hebräisches und ein chaldäisches Gebet, dann תפלה תפלה מהרב אליעזר solche eben dann ,על הפרנםה מהרב חידא וצ"ל באאו וצ"ל. Hierauf folgen für jeden Tag der Woche Soharstellen, in denen wiederum — mit Anknüpfung an Bibelstellen — von denselben Dingen die Rede ist, wie in den oben erwähnten Bibelstellen. Hierauf folgen 22 דינים über das Händewaschen und das Anbrechen des Brotes, wovon ich folgende zwei anführe:

Es menester por acabidar muncho en נטילת ידים, que es מצות חייב נדוי ב"מ, y quien que menosprecia en נטילת ידים es עשה דרבנן y viene לידי עניות, y ansi es que ראשי היבות de נטילה ידים es עני ב"מ (ש"ע).

Quien que come pan minus de 18 Dr.[1]) lava sus manos y non dize ברכה על נטילת ידים, y quien come minus de nueve (מואבי) Dr. hay dezientes, que non tiene demenester de lavar sus manos y el que apesga y lava sus manos venga sobre el (ש"ע) ברכה.

דיני מוסר בסעודה.

No habla en la סעודה, quisas aconantara[2]) el קנה al ושט y viene לידי סכנה.

Dexe קוסור[3]) en el plato.

No sea el hombre escatimoso[4]) en su סעודה y no rabioso otro que coma con כבוד y כפי די su poder por כבוד de la שכינה que halla posada sobre mesa de צדיקים, y se contente con lo que trayen delantre de el.

---

[1]) Dr. (דך) bedeutet wahrscheinlich Dracma.

[2]) Aconontar = zuvorkommen, wie oben.

[3]) קוסור ist wahrscheinlich das arabisch-türkische Kusur (كسور), Plur. von Kesret (كسرة), Stück.

[4]) Escatimoso bedeutet verdriesslich, schlechter Laune, oder kleinlich, zänkisch. Im Diccionario der Akademia hat das Wort die Bedeutung malicioso, mesquino.

Tikkun seudah.

Non coma el hombre bocado grande קארא֗ de un guevo[1]) que es feo.

Non morda (מוֹרְדָה) el pan y lo meta sobre la mesa, por modre[2]) de asco.

El grande espanda la mano al plato al principio.

Puede comer פִ֗ילאבּ[3]) con pan en lugar de cuchara.

דיני מים אחרונים והסח הדעת בסעודה.

מים אחרונים חובה y hay usantes a no lavar su manos, empero los מקובלים escribieron, que todo hombre sea acabidado de lavar מים אחרונים (אה֗ט).

Escribieron גורי הארי ז֗ל,[4]) que non se debe destajar[5]) despues de מים אחרונים hasta que escapa ברכה המזון אפילו con דברי תורה.

Siendo escribio el זוהר הקדוש en התרומה דקנ֗ה que debe el hombre en la mesa acordarse (אקודראר֗בי) de la קדושה de א֗ר֗ץ ישראל y del palacio que se destruyo, por tanto diga este סדר reglado del רב֗ר֗ אליעזר פאפו זצ֗ל, y lo diga antes de מים אחרונים. Folgen die Stellen Berachoth 3ᵃ über die Zerstörung des Tempels. Daran schliessen sich דיני כוס ברכת המזון, 14 an der Zahl.

Den Schluss des Büchleins (24 Bl.) bildet das Nachtgebet, das, wie in allen sephardischen Gebetbüchern, mehrere kabbalistische Zusätze hat. Demselben geht folgende Bemerkung voran.

Sea muncho acabidato en שמע que sobre la cama por dezirla con כונה grande y vierbo por vierbo, y pense que en esta cama tiene que dar su alma al criador en largura de sus dias.

Nach dem Schlusse des Gebetes heisst es:

Y alimpie sus pensamientos y non hable ningun modo de habla fin que se dorme. Y torne este פסוק quantas vezes fin que se dorme מתוך דברי תורה:

תורה צוה לנו משה מורשה קהלת יעקב.

---

[1]) קאראר, das bereits (p. 82) erwähnte türkische قرار, hier Grösse eines Eies (huevo).

[2]) Por modre, wie oben = wegen.

[3]) פִ֗ילאבּ ist das türkische, Pilau, Pilav (پلاو), gekochter Reis.

[4]) So werden bekanntlich die Schüler des R. Jizschak Luria genannt.

[5]) Unterbrechen, wie oben.

Almenara de la luz.

Tratado de mucho provecho para beneficio del alma Compuesto en lengua Ebraica por el gran sabio Yshac Aboab. Traducida en lengua bulgar para beneficio comun por el Haham Jahacob Hages.

Impreso en Amsterdam. En casa de Jahakob alvares sotto, Mosch aben y acar brandon, y Benjamin de yongh.

Año de la Criaçion del Mundo 5468 = 1708. Diese Ausgabe ist in lateinischen Lettern gedruckt.

Kayserling p. 51.

Fol. 127[b]. Tambien dixeron en el Medras quien es el que tiene sentimientos y trabajos el que deja mucha hazienda y lleva con sigo alo fuese pecados como los que se quedan con la hazienda de otros y por ellos dize el propheta, hazien riqueça sin juicio en la mitad de sus dias la dejara y su fin sera vil, por que de la partida del hombre desta vida no le acompañan ni plata ni oro ni piedras preçiosas si no thesuba y obras buenas. Es exemplo a un hombre que tenia tres compañeros, el uno lo amaba mucho, el segundo no era tanto su amigo y el tercero menos que todos del qual no tenia mucha quenta. Una vez embio el Rey a llamarle e los mensajeros del Rey apresuraron para llevarlo ala corte del Rey para hazer la encomiendança le su Señor, este hombre se amedrento y temio grandemente, dudando no le hubiesen acusado por algun delito y que el Rey lo matase. Resolviose de querer llevar con sigo algun amigo para que enterçediese por el a el Rey y le ayadase adar sus discargos. Fuese al amigo que mas lo amaba y contolo el sucesso pidiendolo quisiese yr con el y no ubo modo de quererlo hazer ni aun se movio de su lugar. Fuese al segundo y pidiole lo proprio y lo respondio delante el Rey no tengo de aparecer, pero ire contigo y en llegando ala puerta me bolvere ami hecho. Fuese al tercero aquel de quien no hazia ninguna cuenta, y le conto todo lo que avia passado con todas los dos compañeros. Dixole este no temas yo ire contigo y entrare delante del Rey y abogare por ti y hare todo lo pusible hasta que te escape y in mediato fue con el y alego sus raçones hasta que lo escapo.

El primea compañero que el hombre ama mucho es la hazienda la qual la deja en hora de su partida no lleva en su mano ninguna cosa della como dize el Psalmista. No temas quando en riqueza varon que no se muchigua lo honra de su casa quando en su morir tomara todo no desendera detras del su honra.

El segundo amigo que el hombre tiene en esta vida son los parientes y los compañeros, estos lo acompañan hasta la fuesa y despues que lo entierran se entierran se appartan del y lo dexan. Y el tercero amigo que aboga por el y alega sus merecimientos es la penitençia y obras buenas que en la hora de la partida del hombre este mundo levan delante a procurar por el como dize el Propheta. Y andara delante de ti tu justedad honra de A. te apañara y el Rey que embia a llamar es el Rey de Reyes el santo B. el que no ay delante del respetar faces ni tomar coecho y no se escapa el hombre de su juizio sino con penitençia y obras buenas.

ספר הנהגת החיים.

Regimiento de la vida, libro de mucha erudicion y doctrina. En el qual como en un cristalino espejo podrar el hombre corregir sus yerros, y emmendar sus vicios, encaminandose en la virtud, haziendose en esta vida momentanea mercedor de alcançar la Gloria Eterna.
Compuesto por el muy Yminente y Virtuozo H. H. B. Mosseh Almosnino. Siendo esta la primera ves que a salido a luz en caractheres españoles, por industria de Semuel Mendes de Sola, Joseph Siprut Habay y Jehudah Piza. En Amsterdam año 5489 (Kayserling p. 11).

Dieses Exemplar besitzt die k. Hof- und Staatsbibliothek in München. Ich selbst besitze ein Exemplar in Ladino (Raschischrift), bei dem aber die ersten Blätter fehlen, so dass ich den Titel nicht angeben kann.

Diese beiden Ausgaben — die in hebräischen Buchstaben ist v. J. 5324, also die erste — stimmen keineswegs ganz überein. Der Inhalt und die Eintheilung des Buches (3 Tractate mit 47 Capiteln) ist bei beiden gleich, allein die Ausdrucksweisen einzelner Sätze weichen von einander ab. Wie es scheint hat der Verfasser der zweiten Ausgabe (in lateinischen Buchstaben) die erste Ausgabe vor sich gehabt und abgeschrieben, dabei aber einzelne Sätze in andrer Form wiedergegeben, während er manche andre ganz wegliess.

Auch ganze Stücke fehlen in der zweiten Ausgabe. Die erste Ausgabe enthält eine lange Vorrede in hebräischer Sprache, ausführliche Register (מפתחות) des Inhalts, sowie aller im Buche angeführten Bibelstellen nach ihrer Reihenfolge in der Bibel. Darauf folgt im Prologo y llave universal del autor, und darauf im Prologo particular al sobrino. Von all diesem hat die zweite Ausgabe nur „Prologo del Autor a su sobrino".[1])

Die am Rande beigedruckten Inhaltsangaben sind in der ersten Ausgabe hebräisch, in der zweiten spanisch. Die erste Ausgabe gibt am Rande auch die Anfänge der im Text angeführten talmudischen Sprüche in der Sprache des Originals, während es in der zweiten Ausgabe immer nur heisst: Doctrina de N. S. (nuestros Sabios).

Ich gebe im Folgenden die (abgekürzten) Ueberschriften der einzelnen Capitel.

Tratado I. Se trata el gran provecho que alcançan los Moços de acompañar con los buenos; se propone una duda por que viene bien al malo, y mal al justo y ve responde. — Se declara un exemplo que trae Rabenu Mosseh[2]) en su Directorio[3]) par los grados del conocimiento de las Sciencias. — El regimiento, que deve observar el hombre, y particularmente los mancebos en el comer y en el beber. — Se declara la cauza del sueno, la origen de la lluvia, la nieve, el rocio etc. — Se declara el ser y essencia del sueño, y el regimiento que se deve tenir en el dormir, y en el despertar. — El regimiento que se deve observár en el echár y en el levantar, en el asentár y el andár, particularmente los moços. — El regimiento en el hablar y callar; loor de la brevedad y oprobrio de la dilatacion. — El regemiento que se deve guardár para escojer lo bueno, y rebotar lo malo. — Por que communemente los tiempos passados parecen mejores que los prezentes?

Tratado II. Sobre el punto del libro alvedrio. — Se declara la distincion de doze virtudes morales, su essencia y ser en general, y sus viciozos extremos. — La primera virtud, la Fortaleza. — Cinco proprietades deven acompañar a cada una de las doze virtudes. — La segunda virtud, la Templança. — La tercera virtud, la Liberalidad, sus extremos y vicios. — La quarto Virtud, la Magnifisencia. — La

---

[1]) Bemerkenswerth ist in diesem Prolog die Stelle: Y aun que mas facil mi fuera escribirti en nuestra santisima facundivima lengua, por ser a mi mas familiar, no mi quiero escusar, del trabajo de escribir in Romanze (spanisch) como mi megas lo haga, pues por nuestros pecados son todos nuestras platicas en lengua agena a nos.

[2]) So heisst Maimondes in all diesen Schriften.

[3]) Am Rande heisst es: Parte III, cap. 51.

quinta Virtud, la Magnimidas. — Las 50 propriedades de la Magnanimidad. — La sexta virtud, la Modestia, con sus extremos. — La septima virtud, la Humildad. — Die folgenden Capitel behandeln: La Afabilidad. — Las cinco virtudes in telfectualis. — Las Sciencias en quantas son, y enseña como se han de aprender las sciencas en este tiempo, que la vida es breve, y la obra mucha.

Der ersten Ausgabe ist eine Abhandlung über die Träume beigedruckt, die überschrieben ist: Aqui comença el tratado de los sueños. Diese Abhandlung ist in Form eines Briefes an Joseph Nassi gerichtet. Sie beginnt mit den Worten: Mi ilustre Señor, discuriendo muchas vezes por la memoria muchos tratados que en presencia de vuesa Merced se praticaron en el tiempo, que yo goze de su divina conversaçion, entre ellos se me acodro al presente, aver mi dicho un שבת estando en bel veder que descaba oyr cosa buena en el caso de los sueños, ansi en la esencia dellos como en sus causas u. s. w.

Auf dem Titelblatte heisst es, wie aus Kayserling zu ersehen, dass die Abhandlung auf den Wunsch des Joseph Nassi verfasst wurde (cf. Grätz, Geschichte IX, 403.)

ספר אגרת בעלי חיים.[1]

נדפס פעם שלישי ללועזים בלעז בעיר ואם בישראל סאלוניקי
תר"ז = 1867.

Kayserling p. 55.

Zweite Pforte, siebenter Abschnitt.

F. 42ᵃ. Der König Schamurg[2]) bittet den Pfau, ihm die Eigenschaften und Eigenthümlichkeiten einiger der versammelten Vögel namhaft zu machen, hierauf heisst es:

Dixo el טווס, mi Señor el rey, hay aqui apañamiento grande muncho que non se cuentan de muchedumbre.

---

[1]) D. h. Abhandlung von den Thieren. Das Original ist nämlich die hebräische Uebersetzung einer der Abhandlungen (die 21.) der „lauteren Brüder" (اخوان الصفاء), deren Original (früher in Calcutta erschienen, auch von Naumann behandelt) Dieterici i. J. 1879 unter dem Titel: „Thier und Mensch vor dem König der Genien" herausgab, nachdem er früher (1858) die Uebersetzung veröffentlicht hatte.

[2]) שמורך׳. Im arabischen Original Simurg (سِيمُرغ, p. 37, 38) und Schahmurg (شاهمُرغ, p. 42).

Dixo el rey, aparta y llama (וייאמה) dela cuenta del fonsado a quien enveluntas, que todos ellos por nombre son llamados.

Dixo el טוֹם, sabra mi Señor el Rey que entre nuestro apañamiento se topa el (החזן¹) y תרנגול, אלהרהר, el esculcador,²) el era חבר y compañero de שלמה המלך hijo de David y el se envuelve con el velo, es patron de muchas colores, y lleva tunga sobre su cabeça, y minia a ella de continuo, y el de continuo se encorva, y el es qui dixo a שלמה, yo vedi muger hermosa y varonos preciados, y muger podesta sobre ellos, y a ella cama hermosa asemejada a tu silla. Y yo halle a ella con los varones encorvandose a el sol, y el שטן burla con ellos y acosta a ellos del camino de la verdad.³)

Hierauf folgt in Parenthese eine längere Ermahnung, die der Uebersetzer hinzugefügt hat.

Y el gallo que profetiza, el es el que se para sobre la pared, y sobre su cabeça crista colorada como una corona, y su coda parada de continuo como un pendon y es cuidadoso por mantener a sus mugeres y a su familia, y conose la hora de la תפלה en el amanecer de el dia, y enmenta por la mañana loores de su señor, y desperta a los hijos de ישראל por la oraçion y castiga y dize: Dormis y non te acuerdas de el dia de el דין, y los dias de el pagamiento tu non deseas . . . .

Auch hier folgt in Parenthese eine vom Uebersetzer hinzugefügte Ermahnung.

ספר אגרת הפורים

ובתוכה לקוטים מהגמרא וממדרש ה׳ מגלות ותרגום שני · קושטנדינא
תקע״ב = 1812.

La grandeza del reino de שלמה המלך y su silla.

Hierauf folgt die Uebersetzung des zweiten Targum zum B. Esther I, 2—3, wovon das Folgende ein Auszug ist.

. . . Y mas quando se aboneguo su coraçon de el rey שלמה con el vino, mando por traer alimañas de el campo y aves de los

---

¹) Auch im hebräischen Texte החזן, im arabischen Original Muezzin (مؤذّن).

²) Im arabischen Original (الهدهد الجاسوس), der spähende Wiedehopf, weil er die Orte erspäht, an denen sich Wasser findet.

³) Cf. Koran, Sur. 27, 23.

cielos y removill de la tierra y diablos y espiritos por bailir delantre de el por amostrar su grandeza a todas los reyes que eran asentados delantre de el. Escribanos de el rey llamaban a ellos por sus nombres y todos se apañaban y venian a el sin ataderos y sin cadenas y sin varon que los guiara. En aquella era se busco el gollo montez entre las aves y non fue hallado. Y encomendo por el el rey que lo truxeran a el y quiso por dañar a el. Vino el gallo montez delantre el rey y dixo a el: Oye mi señor el rey de la tierra. Decierto tres meses que puse consejo en mi coraçon mantenimiento non come y aguas non bebi, por causa que vole por el mundo todo y dixe: Quale es ella ciudad que non obedece a el mi señor el rey? Y vedi una ciudad en tierra de מזרח comarca de קיטור su nombre, su polvo preciado mas que oro y su plata como estiercol por las calles, arboles de principio de criaçion de el mundo alli plantados, y de guerto עדן ellos biben aguas. Y hay alli fonsados munchos con coronas in sus cabeças, por ordenar pelea non elevo sabientes, por trabar arco non pueden. Una muger podestadera sobre ellos y su nombre מלכת שבא. Agora si te place a te mi Señor el rey, atare a mi lombos como baragan, y me alevantare y andare a comarca de קיטור, a ciudad de שבא, y sus reyes con cadenas atare y sus podestadores con facropeas de fierro, y traere a ellos onde te mi señor el rey! Places la cosa delantre el rey y fueron llamados escribanos de el rey, y escribieron cartas y ataron a las cartas en alas de el gallo montes, y alevantose y subio de cerca ellos a la altura, y era volan entre las aves y ellas volaron detras de el, y anduvieron a comarca de קיטור a ciudad de שבא. Y fue a hora de la mañana y salio מלכת שבא por umiliarse a el sol, y los anes obscurecieron con sus alas a el sol. Y alzo מלכת שבא sus manos sobre su nestido. Y rasgolo y era maravillanse fin que abaxo onde ella el gallo mondes, y vido y ec (איק) carta atada a su ala. Abrio y meldo a ella y ansi escrito en ella.

Trasladaçion del. libro turco אחלאק[2] (ריםאליא[1]) por provecho de las criaturos de תלמוד תורה en Constantinopoli. Galata 5621, en la estamperia del גורואל ישראלית.

---

[1]) ריםאליא ist das arabisch-türkische Risalch (رسالة) = Sendschreiben, Abhandlung, Schrift.

[2]) אחלאק ist das arabisch-türkische Achläk (اخلاق, Plur. von خلق), das, nebst anderen Bedeutungen, auch „Sitten" bedeutet.

Es ist das die Uebersetzung eines türkischen Sittenbuches, aus zumeist kleinen Capiteln bestehend (vielleicht zum Auswendiglernen). Ich gebe im Folgenden eines derselben.

זיאנקיידליק.[1]) Y esto tambien es una mania muy dañosa para el quien la tiene, דהיינו una cosa de tu padre o de tu madre, o de quien quiere que sia, cosa que le serve para servirse de ella, vienes tu y se la rompes o se la quemas. Estas cosas te hazen usar a ti אינזאפסיזליק,[2]) y es una mania muy escura,[3]) y por tus ייאראנים[4]) tanto chico como grande siempre cale que hagas קאיריט[5]) y mirar de hagerlos bien.

Andere Capitel haben die folgenden Ueberschriften: El buen dotrino — לשון הרעה — נאוה — falsidad habla fea — la rabia — malquerencia — pagamiento de prometas — El honrar a otros — contenteza — la piadad — la sanidad del cuerpo (נואיר־בו) — la honestidad — la premura — el buen coraçon.

Fuente clara.

Von diesem äusserst seltenen[6]) Buche (der vollständige Titel bei Kayserling p. 47) gebe ich im Folgenden die Ueberschriften einzelner Capitel.

Cap. 1. Es un prologo en el qual el autor cuenta la causa que lo movio a fazer esto libro.

Cap. 2. Si proba por autoritates de los profetas y por razones muy claras que el espritu[7]) que dizen los sabios de אדום que descendis sobre los doze, que era espritu santo non era espritu santo.

---

[1]) זיאנקיידליק ist das nomen actionis des türkischen ziankiâr (زیانكار), schädlich, Schaden bringend.

[2]) אינזאפסיזליק ist das nomen actionis des türkischen insâfsyz (انصافسز), ungerecht, also Ungerechtigkeit.

[3]) Escura, altspanisch für obscura.

[4]) ייאראנים, türkisch jârân (یاران), Plur. von jâr = Freund.

[5]) קאיריט, das arabisch-türkische Kaïret (خيرة), gute Handlung.

[6]) Das mir vorliegende Exemplar ist Eigenthum des Herrn Dr. Perles; in dem sonst vollständigen Exemplar fehlt das Titelblatt. Dr. Perles hat nun den Titel des Buches hinzugeschrieben, zugleich — unter Hinweis auf Neubauer. Me. 53. Chapter of Jesaias, p. XVIII und p. 365—383, sowie Steinschneider Cat. Bodl. 2798 — mit dem Bemerken, dass nur ein Exemplar des Buches in Parma, ein anderes in der Bodlejana vorhanden ist.

[7]) Die Form espritu, die hier mehrfach vorkommt, also wohl kein Druckfehler ist, habe ich sonst nirgends gefunden.

Cap. 4. Se proba muy claro que el claro que el capitalo גב̇ de ישעיה profeta nel qual se fundan estos sabios de אדום a probaren¹) por el la muerte de ישו ser un grande sonbayamiento.

Cap. 6. Se proba muy claro que el profeta ישעיה en el capitulo בב̇ profetizo por unas muy elegantes y sutiles alegorias estas dos iglesias llamados militantes y trionfantes.

Cap. 7. Se declara la profecia de nuestro padre יעקב que profetizo, non se quitara vara de יהודה ni escribano dentre sus pies fasta que venga שילה en la qual profecia mucho se estriban estos sabios de אדום por probaren este aver sido el משיח y se proba claro sus yerros.

Cap. 8. Se declara el פסוק que dize, y tomo משה miatad de la sangre y puso en los cacines lo miatad de la sangre que esparsio sobre la ara.

Cap. 11. Se proba muy claro como no entendia la profecia de aquel salmo de el rey דוד que dize, piedra que reprobaron los edificantes fue a ellos por cabeça de arrincon,²) y se proba muy claro por el profeta ישעיה (8, 14), que este habia de ser y es hoy en dia por piedra de ferimiento³) y peña de entropiezo a dos casas de ישראל, como el dixo que para esto era enviado.

Cap. 13. Se declara el salmo de el rey דוד que dize, porque se apañan gentes y pueblos fablan falsedad, y porque dize el פסוק, recontare a fuero, A. dixo a mi mi fija tu, hoy te engendro. Apeganse por este פסוק a creeren que a este que alevantaron por משיח aver sido fijo de el Dio. Se proba muy clara por la exposicion de todo el salmo en como se sonbayen.⁴)

---

¹) Probaren statt probar habe ich noch in keinem andren Buche gefunden, nur seren statt ser ist mir vorgekommen.

²) Arrincon statt rincon.

³) Ferimiento statt herimiento, vom altspanischen ferir statt herir.

⁴) Sonbayen oder sombayen — wovon das oben vorgekommene sonbaymiento — das wahrscheinlich „sich irren" bedeutet, ist mir auch sonst in diesen Schriften vorgekommen.

Bücher belehrenden Inhalts.

ספר הברית.

Y el habla en עִנְיָן de los siete cielos, y los diez גִלְגָלִים, y las estrellas que son firmes, y las siete estrellas que caminan, y de el ferimiento¹) de el sol y la luna, y el מהות de la luz, y el עִנְיָן de el חומר y la צורה, y de los quatro cimientos²) . . .

„נדפס באותיות ווין שנת התרז.

Wo das Buch eigentlich gedruckt wurde ist nicht angegeben. Dasselbe ist in Raschischrift gedruckt und hat zwei Bände.

Das Folgende ist dem 14. Capitel, überschrieben מאמר יד איבות „החי, im 2. Band entnommen.

II f. 25ᵇ. פרקה. En el מין de las aves. La דייה (דער גייער).³) Su morada es en las tierras que son calientes מצדים y ערב, y su anidiar⁴) es en los dientes de las peñas que son muy altas, lugar que no puede pasar hombre por alli. Y la mas grande ave de este מין es la עזניה (דער גרייף) que sus alas son anchas echo pecos y las plumas de sus alas son grandes y godras⁵) y hazen de estas plumas atuendos, segun que dixeron los señores חכמים (en מס׳ כלים פרק יד „משנ יד) y su fuerça es muy grande que puede llevar un carnero o un cabron in su boca, y se va volando con el carnero hasta que lo lleva al nida y lo esparte a los hijicos. El נשר, el grande de ellos es el rubio, el gico es el preto, y vive cien años y demasiado, y no tiene dedo demasiado. El ההם (דער פאלק). Su anidiar es sobre los montes altos, y los señores y los duques tienen maestros a qui la avisan a esta ave a cazar, de manera que avola por el aer⁶) y pelea con otros aves y las aferra vivas y las trae delantre de el patron, y esta caza la llaman caza de el תחמם (פאלקען יאכט). Y el ויקח מן הבא (בראשית לב׳) en פסוק escribio sobre el רב רינו בחיי

---

¹) Ferimiento von ferir, kam früher vor.
²) Diese Inhaltsangabe geht noch weiter, ich habe sie aber abgekürzt.
³) Das eingeklammerte deutsche Wort ist dem hebräischen Original entnommen, der Uebersetzer kannte dessen Bedeutung nicht.
⁴) Das jetzt gewöhnliche Wort für Nisten, Nest bauen ist anidar.
⁵) Godras statt gordas.
⁶) Aer, altspanisch für aire kam bereits früher vor.

בידו מנחה לעשו אחיו, que su ladino es, y tomo de lo que viene en su mano presente para עשו su hermano, que le mando una ave que la llaman (פֿאלקון)¹) que los cazadores la llevan a esta ave siempre en la mano, siendo que עיר era varon de caza. El שחף (דער קוקוק) no anidia en ningun lugar, otro que la נקבה de este מין mete sus guevos en nido de otro ave, y los guevos que topa en aquel nido de aquella ave se los come, y en veniendo aquella ave en su nido, no suprendo que le trocaron los guevos se asenta sobre aquellos guevos, y salen los chiquititos de el מין de el שחף, y quando cresce un poco ya los aborrece aquella ave mirando que no son de su מין.

ספר שבט יהודה ובנימין.

Acontecimientos de tribu de יהודה y בנימין en tierra estrañas, אישפאמייא²) y Aragan y Portugal y Sevilla y Francia y Britania, y razonamientos de חכמים y מלכים.

Aguntado en לשון הקדש del ז״ל וירגא בן שלמה, y tresladado en ladino y estampado במצות האדון שר וטפסר גביר וחכם בנייור אלעזיר הלל ב׳ מנוח ה״י נסו על ידי הצעיר דוד ב׳ משה אלקלעי ובנו הצעיר משה בן דוד אלקלעי.

פה בילוגראדו יע״א שנת טו״ב כסף = 1859.

Kayserling p. 10.

Cap. 16, f. 35ᵃ. En אישפאמייא²) acontecio que vinieron גוים y dixeron que toparon un matado en casa de un Judio, y el rey non escogo a sus palabras, hasta que se enforteciron el pueblo y dixeron al rey, se tu non hazes venganza en los Judios y non buscas por sangre de el matado, ya buscan ellos. Estonces dixo el rey, si ensalze y se alabe el podestador verdadero juez justo, Dio le verdad y non tortura. Agora vos amostrare a todos vuestras mentiras y por que tengas in tino y contes a todos vuestros hijos ditas³) maravillas del Dio bendicho su nombre. Presto mando a llamar a todos los Judios. Como vinieron delantre de el, les demando a ellos y dixo,

---

¹) פאלקון, falcon, altspanisch für halcon, Falke.

²) Statt אישפאמייא — das vielleicht ein Druckfehler ist — heisst es (c. 7, p. 6) אישפאנייא, im hebräischen Original steht dafür immer ספרד.

³) Ditas altspanisch für dichas.

quiero que mi digas la הבנה de este פסוק de עה"דוד המלך que dixo: הנה לא ינום ולא יישן שומר ישראל, que en לשון de Judios ישן es mas fuerte sueño de ינום, y se non duerme que es sueño liviano, por cierto que non adormece, que es sueño mas fuerte, y con esto dezid mi la הבנה. Respondieron los Judios, la הבנה de los מפרשים que dizen que quiere dezir, que como non duerme quanto y mas que non adormece Dixo, non entendetes la בינה del פסוק, yo vos dire su declaro, y es el paso que mi paso a mi a noche que non pude dormir de ninguna manera hasta que me alevante de la cama y me asente a la ventana de la calle y vidi gente corriendo, y una persona al hombro, y la luno arelumbrava¹) como dia. Y envie tres personas mias por que miren que es este ענין de estas personas, o si es algun matado y me tienen que venir con ripuesta. Fueron mas moços por veer, y veeron que llevaban un matado y lo echaron en cortejo²) de un Judio, y yo vos traere a los ערים delantre. Truxo el rey a los ערים delantre y contaron el ענין y dixeron que a dos de ellos que llevaban al muerto conocen. Dimando a ellos un consejero del rey diziendo, porque non los aferrates como ya las conocetes, respondieron ellos que iban muncho corriendo y presto echaron al muerto y fuyeron, y mas que estas personas tenian armas y ellos non tenian nada en sus manos. Y mas que el Señor rey non les dixo que los aferren, otro que miren quien son, y ansi hizieron. Respondio el rey y dixo, agora se entendio la הבנה del פסוק הנה לא ינום ולא יישן quiere dezir, non abasta que el non duerne por guardar (גואדראר) a ישראל, sino de allende non dexa dormir a otros a quien que puede guardar al ישראל que es el rey, por que vea como buscaron por echar עלילה sobre ישראל. Entonces se fueron todos בפחי נפש, y a los que echaron la עלילה hizo su juzgo.

Eine ganz ähnliche Erzählung, in der ebenfalls der Vers הנה לא ינום וגו׳ angeführt wird, findet sich in Revue des études juives, T. XVII, p. 46.

Es existirt noch eine andre — in lateinischen Lettern gedruckte — Uebersetzung des שבט יהודה, unter dem Titel:

Vara de Juda, compuesto por el rab' Selomoh hijo de Verga en Hebrayco y traduzido en lengua española por M. Del., año 1640.

---

¹) Statt relambrava.

²) Cortejo — im Original חצר — hat im jetzigen Spanisch nicht die Bedeutung Hof, patio, welches letztere die gewöhnliche Uebersetzung von חצר ist.

Estampado en casa de Emanuel Benbeniste, Amsterdam. Bei De Castro (Bibl. Esp. I, 358) heisst es: R. Meir de Leon traduxo en Castellano el Schebet Jehudah de Virga soto el nombre M. de L., Amsterdam 5504 = 1744. Es scheint das also eine spätere Ausgabe zu sein.

ספר שבילי עולם.

En dito libro aguntado en לח״ק del בלאך שמשון רב y estampado en ladino בח״ר שנה בילוגראדו · קאלדירון שלום יעקב המסדר בהוצאת. Kayserling p. 31.

Das Buch hat zwei Bände, das hier Folgende ist dem ersten Bande entnommen.

F. 7ᵇ. La ciudad de ירושלים en לשון ישמעאל se llama קאדים שריף, quiere dezir ciudad santa.[1]) En ella fraguo שלמה המלך el בית המקדש en הר המוריה en año de 2928 a crienza de el mundo... En año de 4398 la prendio la ciudad el Calif Omar nieto de מחמד profeta de los Turcos, y fraguo una גאמי[2]) en el lugar de el בהמ״ק, y en estando cavando el terreno topo una piedra muy grande, y dizen los Turcos, que es la piedra que metio יעקב אבינו por מצבה, en la hora que se aparecio a el el ש״ית. En año de 4859 tomaron la ciudad los נוצרים de poder de los ישמעאלים, y hizieron la גאמי קליסה. Y pasando 88 años la tomaron otra vez los ישמעאלים y la hizieron גאמי como al principio y עד היום la tienen.

F. 8ᵃ. Agora avisaremos por la ciudad santa de ירושלים, y es que ירושלים esta arodeato[3]) de montes, como dize el פסוק: ירושלים הרים סביב לה. De la parte de צפון es הר הזיתים, de parte de מערב y דרום es el monte de ציון, de la parte de מזרח es הר המוריה, que en ella era el בית המקדש. Y cinco puertos hay en ella, de la parte de דרום, cerca el monte de ציון hay una puerta que se llama שער ציון y en ערבי (באב אל חליל),[4]) y mas abaxo de esta

---

[1]) Kudsi scherif (قدس شريف), die Heilige, Erhabne, ist der Name Jerusalems bei den Türken.

[2]) Gámi — جامع — heisst arabisch und türkisch eine grosse — nur am Freitag geöffnete — Moschee. קליסה ist Kirche كليسة.

[3]) Arrodear altspanisch für rodear.

[4]) خليل الله oder باب الخليل — خليل, der Freund Gottes, ist die Benennung Abrahams und auch Chebrons.

puerta a la baxura de el monte hay otra puerta chica que se llama (באב אל מערבי‎), quiere dezir la puerta de los מערביים‎, siendo a lado de esta puerta moran los ישמעאלים‎ de מערב‎ … De la parte de מזרח‎ es la puerta trecere que se llama שער מזרח‎, y en ערבי‎ se llama (באב אל שבאט‎)¹) quiere dezir puerta de los שבטים‎, de la parte de צפון‎ es שער שבם‎, y en ערבי‎ se llama (באב אל עמוד‎), siendo alli muchos pilares.

En הר הבית‎ es el lugar de el בהמ״ק‎ y de la parte del מערב‎ es un pedazo grande de pared²) que se llama כותל מערבי‎, que es una de las paredes de el בהמ״ק‎ … En este lugar fraguaron los ישמעאלים‎ una גאמי‎ grande, que se llama en ערבי כוחארה‎)³) … Y alado de este גאמי‎ de la parte de דרום‎ hay otra casa grande que se llama מדרש שלמה‎ y en ערבי‎ (אל אכבה‎),⁴) quiere decir la casa de afuera.

F. 18ª. La ciudad de Mekka es lexos lo horas a la mar de ערב‎. A ella la honran muncho los ישמעאלים‎, la llaman ciudad santa, porque en ella nacio מחמד‎ su profeta, y lo mas que adientro esta la casa que la llaman לא קייאבה‎)⁵). Ellos dizen que es אל בית‎ y que esta casa la fraguo אדם הראשון‎ para servir a Dio alto, y se destruyo despues de aguas de el מבול‎, y אברהם אבינו‎ con su hijo ישמעאל‎ lo adobaron, y אפילו‎ antes de nacer מחמד‎ iban a esta casa en זייארה‎)⁶) por hazer oracion. Y hay una piedra prieta (פריטה‎) grande, encastonada con plata. Y dizen que la truxo el מלאך‎ גבריאל‎ a אברהם‎ quando adobo dita casa,⁷) y estonces era blanca como la nieve, y por los pecados de los hombres se hizo prieta, y todos los que van a זייארה‎ cale que besen a esta piedra.

Al derredor de esta casa hay munchos pilares de marmol blanco con fragua enriba de ellos, y de un marmol a otro hay almenaros

---

¹) سباط, Plur. von سبط = שבט‎, Stamm.
²) Statt pared steht hier durchaus באדיר‎.
³) الصخرة.
⁴) eig. المسجد الاقصى — die äusserste Mosquee.
⁵) Kiabe ist die türkische Aussprache des Wortes Kâba (كعبة).
⁶) زيارة, arabisch-türkisch = Wallfahrt.
⁷) Cf. meine Beiträge zur semitischen Sagenkunde p. 65, 103, 109 fg.

de oro colgadas en cadenas de oro. En los paredes de afuera hay inculcados tapetes de seda, y escritos de hilo de oro de letras grandes palabras de el libro Alcoran. Y el שולטן manda cada año un tapete nuevo ... y a derredor de la Kiabe hay un pozo de aguas, y dizen que es el באר לחי ראי que esta enmentado en la ley.

La escalera a la anvisadura con 71 gravados en leño, para el uso de las escolas[1]) y de las familias Constantinopola 5613.

Dieses — in Raschischrift gedruckte — Buch ist also ein Lesebuch für die Schule mit Lesestücken in Prosa und Poesie, darunter: Biblische Erzählungen, Uebersetzungen einzelner Psalmen, Beschreibungen einzelner Thiere, Fabeln, kleine Gespräche, Erzählungen u. s. w., mit einzelnen Abbildungen illustrirt. Ein Bild trägt die Unterschrift: Un sabado en una buena familia — eine Vorlesung der Bibel im häuslichen Kreise. Es macht aber eher den Eindruck als repräsentire es eine englische (christliche) Familie.

In der Vorrede wird u. A. gesagt, dass viele Lesestücke Uebersetzungen, aus englischen Schulbüchern genommen, seien, sowie dass die Abbildungen zum grossen Theil von der amerikanischen Bibelgesellschaft gratis geliefert wurden.

Gegen den Schluss, p. 185, 74. Lesestück (Leccion) findet sich — ohne nähere Bezeichnung — ein Gedicht mit der Ueberschrift: „Pensamientos sobre el cielo." Es ist das aber das berühmte Gedicht Luis de Leon's „Noche serena". Im Folgenden gebe ich die ersten Strophen desselben.

   Quando contemplo el cielo

    De innumerables luces hermosiado[2])
    Y miro sobre[3]) el suelo
    De noche rodeado
    En sueño y en olvido enterado.[4])

---

[1]) Escola statt escuela.

[2]) Die spanische Originalausgabe (Valencia 1785 und Madrid 1855) hat einige Ausdrücke, die von den hier gegebenen abweichen, dahin gehört adornado für hermosiado, sowie das Folgende.

[3]) Im Original hacia.

[4]) Im Original sepultado.

El amor y la pena
Despiertan en mi pecho una ansia ardente
Despiden larga vena
Los ojos hechos fuente,
O loarte[1]) y digo al fin con voz doliente.

¡Morada de grandeza,
Silla[2]) de claridad y de hermosura!
El alma que á tu alteza
Nacio ¿Que desventura
La tiene en este carcel buxa escura?

¿Que mortal desatino
De la verdad alexa ansi el sentido
Que de tu bien divino
Olvidado, perdido
Signe la solombra,[3]) el bien fingido?

El hombre esta entregado
Al sueño, de su suerte no cuidando,
Y con paso callado,
El Cielo vueltas dando,
Las horas del vivir le va hurtando.

P. 226 findet sich folgendes Verzeichniss:

Publicaciones de la iglesia libre de Escocia para el bien de los Judios.

1. Una carta de la קהלה de Escocia a los hijos de ישראל en todas las tierras de su esparsimiento.

2. Algo de la historia de un Ebreo אשכנזיטה escrito por el mismo, mostrando las razones porque se hizo protestante.

3. La cuenta de la desolacion de ירושלים por mano de Titus, confrontado con las profecias de משה y de ישוע de נצרת, con figuras.

---

[1]) אה לואדטי. Der Abschreiber hat sich hier geirrt. Das Gedicht hat im Original die Ueberschrift „Noche serena, á Don Olvarte", und „Oloarte" muss es auch statt אה לואדטי heissen. Es ist eine Apostrophe an diesen Freund Luis de Leon's.

[2]) Im Original Templo.

[3]) Im Original la vana sombra.

4. Una llamadura a la casa de ישראל para tornar a ה su Dio y viver para las escolas.

5. Una mirada a los cielos o la puerta de la astronomia, con 4 laminas.

6. Una mapa de la tierra de כנען etc.

7. La escalera a la anvisadura[1]) etc. para muchachicos y muchachicas etc.

8. La santa historia in 48 pinturas, figuras y illustraciones.

Eines der im obigen Verzeichniss angeführten Bücher besitze ich, nämlich:

In Raschischrift: Una mirada a los cielos o la puerta de la astronomia, para el uso de las escolas de los Judios. En la estamperia de נסים de Castro היו.

Darauf folgt ein von drei Constantinopolitaner Rabbinern unterschriebenes Gutachten (הסכמה).

Das Buch (oder Büchlein) ist übrigens nur eine Einführung in die Astronomie.

Im Folgenden gebe ich:

P. 3, Cap. 1. Si da la declaracion de unos vierbos.

La astronomia o estrelleria[2]) es aquella ciencia que nos anvisa todo lo que ha sido descubierto tocante al sol, a la luna, a las estrellas y a la tierra misma, mirandola en atadura con los fonçados del cielo. La astronomia trata por tanto del numero, de las formas, de las grandezas y de los movimientos de los fonçados que se ven en los cielos, ansi como de sus lexuras los unos de los otros, de las fuerças que los mueven y de las reglas que las regen.

P. 26. Algunas de estas constellaciones han sido conocidas desde tiempos muy antiguos, ה por exemplo dimanda a איוב: Se ataras los ñodos de כימה (las plejadas) y los ataderos de כסיל (Orion) abriras? Se sacaras מזרות (las 12 constellaciones del Zodiaco) en su hora y עש (la osa mayor) con sus hijos guiaras?

---

[1]) Was das Wort Anvisadura im Titel des Buches betrifft, so ist in den mit hebräischen Buchstaben gedruckten Büchern anvisar (אנביי‏אר) die gewöhnliche Uebersetzung von לָמֵד, lehren, in der ferrarensischen Uebersetzung (neben aprendar und enseñar) abezar, in der Marginalübersetzung ambezar. Davon gebildet ist nun Anvisadura.

[2]) Estrelleria, altspanisch für Astrologia, ist also nicht ganz zutreffend.

יְסוֹדוֹת דְּקְדּוּק לְשׁוֹן הַקֹּדֶשׁ.
Grammatica de la lengua santa.

Smyrna (אזמיר)[1]) impremido en la imprenta de G. Griffit. 5612 (in Raschischrift), Kayserling p. 51.

P. 164. Hay algunas maneras usadas in la lengua para aumentar su hermosura o su fuerça o su brevidad וכו׳. De estas daremos aqui algunas pocas ideas.

El pleonasmo o הַוָּתָר. Ansi se llama cada habla demasiada. Als Beispiele werden angeführt: (שמות ב׳ו׳) פַּרְמִי שלי (שיר א׳ו׳).

La ellipsis o דרך קצור ר״ל el dechamiento o la mingua de ciertas partes de la habla. Unter den Beispielen sind: עיניך (עיני) יונים (שיר א׳ טו) משוח רגלי באילות ר״ל כדגלי האילות (תהלים יח לד).

La manera preñada y abundante o דרך מעודה se topa quando las palabras de la habla no bastan para su sentido y que la fuerça de la habla es mas que sus vierbos. Esta manera asemeja mucho a la ellipsis. Ansi se vee en תהלים עד׳ז לארץ (הפילו ו) חללו משכן שמך י״ג ד׳ פן אישן (שנה) המות.

La manera llamada zeugma (זיבגמה) o דרך הזווג es quando dos o mas sujetos o נושאים tienen un verbo o פעל juntamente la obra del qual mira solamente a uno de estos dos sujetos, ansi se vee en estos exemplos[2]) (ברא מז׳ יט) למה נמות לעיניך גם אנחנו גם אדמתנו שאגת אריה וקול שחל ושני כפירים נתעו (איוב ד׳י).

La hendiades (אינדיאדים) o דרך מיוחד es la manira, quando dos nombres נפרדים con un ו entre los dos son de un tal sentido que el uno habia de ser en la סמיכות a el otro; ansi lo hallamos en לאותות המועדים por לאותות וי״ד לאותות ולמועדים ברא א׳.

La paronomasia o דרך משוה הדברים es la manira de poner a unos vierbos que tienen un sonido semejante, esto es hecho por la fuerça o la hermosura de la habla, como: תהו ובהו · נע ונד · יפה · ליפת · עפר ואפר · פחד ופחת ופח · עזה עזובה.

Alles das ist übrigens im Original viel ausführlicher behandelt, ich habe es abgekürzt.

---

[1]) אומיר, اَزْمِير, ist der arabische Name Smyrnas.

[2]) אישימפלוס wie gewöhnlich für אינשימפלוס, exemplos.

חִנּוּךְ לַנַּעַר.

Con nuestras palabras pocas que meldaran los señores estimados, damos a entender quanto tenemos en nuestro coraçon pensieros buenos por hazer con los queridos hijos de יִשְׂרָאֵל הָיוּ", y topando gracia nuestros consejos en ojos de los leedores, tomaremos fuerça por añadir mas que esto. Y sera la ciencia y saberes buenos como plantio nuevo que hermollece en pelagos de aguas sin tajarse segun dicho וּמָלְאָה הָאָרֶץ דֵּעָה אֶת ה' בִּירָא.

Estampado en Belogrado בִּתֹר שֵׁם טוֹב שְׁנַת בַּתֹּר" יֵעָא". Debaxo del principe de la Serbia רָה".

Der lange Titel entspricht kaum dem Inhalte des Büchleins (15 Bl. in 12°), das, in Numeros eingetheilt, allerlei Ermahnungen über Erziehung und Unterricht enthält. Manches ist in hebräischer Sprache geschrieben, so z. B. Nr. 6, wo Stellen aus den Schriften von Sabbatai Bass (ר' שבתי המשורר) und R. Sabbatai Scheftel Hurwitz mitgetheilt werden, in denen die Einrichtung der Schulen in Amsterdam sehr gerühmt wird. Gleiches Lob wird auch den Schulen in Galizien ertheilt, während über den schlechten Schulunterricht bei den orientalischen Juden geklagt wird.

שְׁמוֹנָה פְּרָקִים מִסֵּפֶר חִנּוּךְ לְשׁוֹן עִבְרִי וּמָבוֹא הַדִּקְדּוּק.
Por estrenar y usar a meldar y hablar y escribir la lengua judisma,[1]) la quale es llamada לְשׁוֹן הַקֹּדֶשׁ y con ella estan escritos todos los libros de nuestra תּוֹרָה קְדוֹשָׁה.

Y tambien por estrenar y usar al entendimiento de כְּלָלִים de la grammatica judisma el qual es llamado — דִּקְדּוּק לְשׁוֹן עִבְרִי o דִּקְדּוּק לְשׁוֹן הַקֹּדֶשׁ. (Folgen noch 12 Zeilen.)

Componido y traydo a la estampa de mi el minor y el pequeño.

מֹשֶׁה דּוֹד אלקלעי הי' . פֹּה בּוקורעשט שְׁנַת בַּתֹר לִפָ"ק".

Das Büchlein (in Raschischrift) ist in Paragraphen eingetheilt, deren es 48 auf 22 Blättern enthält. Es behandelt nur die Zeit- und Hauptwörter, und soll nur der Vorläufer einer späteren ausführlicheren Grammatik sein.

---

[1]) Judismo (גּוּדִיכְמוֹ) ist in der Wiener Bibelübersetzung, sowie in Schaufler's הַקֹּדֶשׁ לְשׁוֹן דִּבְרֵי אוֹצַר die Uebersetzung von יְהִידִית, 2 Kön. 18, 26, Neh. 13, 23; auch ausserdem habe ich das Wort gefunden.

סדר חנוך לנער על פי דרכו.

Maestro de criaturas en sortes¹) de אלף בית y una poca cosa de el ayuntar²) con algunas cuantas ברכות menesterosas, compuesto de ישראל ב׳ חיים de Belogrado. Vienna estampado en la estamperia de el Señor Anton Strauss.

Buchstabirbüchlein. Wien, gedruckt bei Anton Strauss, 1821. Die Vorrede bildet den Brief eines in Belgrad wohnenden Freundes des Verfassers und seine Antwort darauf.

Das Lesebüchlein, das 84 Seiten umfasst, enthält ausser einer hübschen Titelvignette (eine Sammlung verschiedener Thiere) einen sehr gemüthlichen Anhang, nämlich 5 Blätter mit den Abbildungen von 19 Thieren und drei anderen Gegenständen, darunter die Benennungen Hebräisch und Spanisch, in der Reihenfolge des א״ב, also: אריה leon, בקר vaca, גמל gamello,³) דב onso,⁴) הר montaña, ורד rosa u. s. w.

מגן דוד.

Facilitador y utilisitor de la lectura de לשון הקדש para la juventud de los ספרדים הי״ו.

Compuesto por mi דוד מוסקונה הי״ו פה ביינא יע״א · שנת תרנא לפ״ק.
Patron ס״י יוסף שליזינגיר.
Vienne 5651. Jos. Schlesinger, Libraire-editeur.
(Tous droits réservées.)

---

¹) Sortes für suertes; ebenso in dem später zu erwähnenden מגן דוד p. III.
²) Ayuntar, altspanisch = yuntar.
³) Gamello, die gewöhnliche Uebersetzung von גמל, ist altspanisch, jetzt camello.
⁴) Onso (אונסו) ist — statt oso — in den mit hebräischen Buchstaben gedruckten Büchern die gewöhnliche Uebersetzung von דב, Bär.

Dieselben Abbildungen kommen übrigens auch in einem הדרכת הילד genannten Lesebüchlein vor, das hebräische, deutsche und jüdisch-deutsche Lesestücke enthält. Bei den letzteren dienen die Abbildungen — mit hebräischer und deutscher Erklärung — vereinzelt als Text zu den darauffolgenden Beschreibungen des Löwen (die Löwin kommt unter ל noch besonders vor), der Kuh, des Kameels, des Bären u. s. w. Ich selbst habe aus diesem Büchlein jüdisch-deutsch lesen gelernt.

Dieses Lesebüchlein — 56 Seiten — enthält unter den grösseren Lesestücken Stellen aus dem Gebetbuche, so z. B. auch die Psalmen für die einzelnen Wochentage. In einer Note zur ersten Seite spottet der Verfasser (der auch seine Wiener Adresse angibt) über die schauderhafte Aussprache des Hebräischen (horrible pronuncia) bei den deutschen Juden, und zwar als Anrede an die Kinder. Unter Anderem heisst es: Y tu hijico! Los Tudeschitos se rien de ti en la escola quando meldas, en tiempo que tienes tu razon de reir de ellos. Als Beweis dafür, dass die Aussprache der spanischen Juden die richtige sei, wird zuerst die Aussprache des Hebräischen bei den אומות העולם, dann zweitens die der אנשי מזרח angeführt.

עמוד די רש"י.

Hecho para los תלמידים por provecho de las חברות de תלמוד תורה por en quanto libros de רש"י valen caros y no los mercan, se hizo aun עמוד de cada פרשה, que es lo que usan a meldar cada semana los מלמדים a los תלמידים, y para qualquier Judio que lo tome para su hijo y que no lleve a el meldar el libro entero y lo rompa como Usanza de las criaturas.

נדפס בקושטנדינא... שנת ויהי דוד בכל דרכיו משכיל וי"י עמו (הקע"ו).

Kayserling p. 99.

Dieser Inhalt des Titelblattes ist das einzige Ladino das in dem ganzen Büchlein (24 Bl.) vorkommt. Dasselbe enthält — und zwar nur in der Originalsprache — die Erklärungen Raschi's zu den ersten Worten einer jeden Parascha des Pentateuchs. So sind die Schlagwörter zu den fünf ersten Paraschioth die Worte: בהו — ואל אמה תבלנה. — ויבן שם מזבח — ורחצו רגליהם — ויקם שדה עפרון.

Ich habe das Büchlein desshalb erwähnt, weil es doch immerhin charakteristisch und originell ist.

Schriften kabbalistischen Inhalts.

Wie aus dem früher Mitgetheilten ersichtlich ist, spielt die Kabbala im Orient eine grosse Rolle, was, zum Theil wenigstens, dem Einflusse des R. Js. Luria und seiner Schüler zuzuschreiben ist, die — ebenso wie der Sohar — in hoher Verehrung stehen und fortwährend angeführt werden. Auf sie sind einzelne Anschauungen und Gebräuche zurückzuführen, wie namentlich in der Liturgie viel Kabbalistisches vorkommt.[1]) Das blosse Lesen des „heiligen" Sohar gilt als für das Seelenheil erspriesslich (סגול), und auch den Unkundigen, theilweise wenigstens, mit dessen Inhalt bekannt zu machen hat man einzelne Auszüge daraus veröffentlicht, dahin gehört das folgende Buch:

ספר לקט הזהר אין לאדינו.

לעז בזהר הרקיע מזהירים . זכים וברים . כלם ברורים . ובלשון מבוארים וגו׳

בילוגראדו שנת בגבורות לפ״ק = 1859.

Kayserling p. 103.

Wie aus den beiden dem Buche vorangehenden הסכמות ersichtlich ist, war ר' אברהם פינצי der Sammler und Uebersetzer der Soharstellen.

Das Buch beginnt folgendermassen:

---

[1]) In der Liturgie finden sich auch astrologische Anschauungen. In einem Gebetbuche סדר תפלוה כמנהג ק״ק ספרדים, gedruckt bei den Söhnen von Salomo Proops, Amsterdam i. J. התקנ״ו (תקב״ד) findet sich (f. 37ᵇ) ein nach den Morgengebeten zu sprechendes Gebet für jeden einzelnen Tag der Woche, bestehend aus Psalm 4 und einem darauffolgenden יהי רצון. In letzterem heisst es u. A.: So wie du das Gebet dessen erhört hast, der diesen מזמור vor dir betete, so erhöre auch mein Gebet an dem heutigen ersten Tag der Woche, dessen Gestirn (מזל) der Löwe, dessen Engel Raphael, dessen Diener (משרת) die Sonne ist, und so bei dem zweiten Tag, dessen מזל der Krebs, dessen Engel Gabriel, dessen Diener der Mond, beim dritten Tage ist das מזל Lamm und Skorpion, der Engel Sammael, der Diener Mars und so bei jedem Tage. Das מזל des Sabbath sind Widder und Eimer (גדי ודלי) der Engel קפציאל, der Diener שבתאי (cf. Kopp, Palaeographia critica, Tom. III, 1. 2, c. 4, p. 355).

דף ב' ע"ב מחלק א'

רב המנונא dixo:

Quando quiso el שי"ת por criar el mundo, era paran mientes y se ensalzaba con las letras de la ley 2000 años antes que de criar a el mundo. Y quando quiso por criar el mundo, venieron todas las letras delantre de el, de el cabo para el principio. Entro la letra ת y dixo: Señor del mundo, gustas por criar con mi el mundo? Que yo so letra de la silla tuya que es אמת, y tu ti llamastes אמת, conviene a el rey por empezar con אמת y por criar con mi el mundo. Das ת wird aber abgewiesen, wie auch alle Buchstaben bis auf ב und א. Mit Bezug auf diese lautet Gottes Beschluss, dass ב die Anfangsbuchstaben der zwei ersten, א die Anfangsbuchstaben der zwei darauffolgenden Wörter der Schöpfungsgeschichte, und damit der Thora, bilden solle.

מאמר 175 דב"ג ע"א מח"ל.

F. 131. רבי יהודה y רבי יוסי eran asentados una noche y meldando dixo ר' יהודה, estoy mirando que la claridad de la ley es en la noche mas que en el dia porque es esto? Dixo ר' יוסי, porque la claridad de תורה שבעל פה es la תורה שבכתב, y la תורה שבעל פה podesta en la noche mas que en el dia, y en tiempo que ella podesta es la claridad. Empezo ר' יוסי y dixo, אלהי עושי נותן זמירות בלילה, bien mira en la hora que la noche se esparte, sale un aire de צפון, y una flama¹) sale y bate debaxo a las alas del gallo, y el gallo se estremece y grita y mira por hazer כבוד y voluntad (בילונטאד) de su criador y llama a la gente. Y por esto se llama שבוי, que es לשון de mirar, y se llama גבר porque se despierta con גבורה. Estonces aquellos que se alevantan y dan גבורה y fuerça a כנסת ישראל y estonces se llama רנה de la ley. Y quando grita el gallo y la gente duermen en sus camas y non se despiertan, el gallo dize lo que dize. Y despues bate en torna con sus alas y dize, guai fulano apartado de su criador, dexado de su criador.

Zu den kabbalistischen Schriften im weiteren Sinn kann man wohl auch das folgende Buch zählen:

¹) Flama, altspanisch für llama.

שִׁבְחֵי הַמְקֻבָּל הָאֱלֹהִי הָאֲרִ"י הַקָּדוֹשׁ וְלָהּ"ה

מִיּוֹם הִוָּלְדוֹ עַד יוֹם אֲסִיפָתוֹ.

זֶה אֲמִ"יר ... תַּחַת מֶמְשֶׁלֶת אֲדוֹנֵנוּ הַמֶּלֶךְ שׁוּלְטַן עַבְדּוּל יְהִ"ה

וְהַמָ"א · תִּקְוָה לָבֹּ"ק = 1765.

Gleich der Anfang dieses Buches, die Erzählung von der Geburt und der Kindheit des Js. Luria, ist wunderbar. Der Prophet Eliah kommt zu R. Salomon Luria, als dieser noch betend in der Synagoge (en קָהָל) war, und verkündet ihm (nachdem er sich ihm zu erkennen gegeben), dass seine Frau einen Sohn gebären werde, den er יִצְחָק nennen solle, indem er ihm zugleich im Allgemeinen sagt, welch wunderbare Dinge derselbe dereinst verrichten werde. Zugleich bittet er ihn, bei dessen Beschneidung auf ihn — Eliah — zu warten, da er der סַנְדָּק sein wolle.

Als das Kind auf die Welt kommt, erstrahlt sein Gesicht im Glanz der Sonne und auch das ganze Haus ist mit Licht erfüllt. Bei der Beschneidung stellt sich Eliah ein, auf sein Geheiss aber übernimmt der Vater die Stelle des סַנְדָּק, während Eliah den Knaben beschneidet.

Es wird hierauf erzählt, welche riesige Fortschritte der Knabe im Lernen machte, so zwar, dass er bereits in seinem achten Jahre ein ausgezeichneter חָכָם תַּלְמִיד war. Dieser Art sind alle Erzählungen in dem Buche.

In dieselbe Kategorie gehört auch das folgende Buch:

סֵ' שִׁבְחֵי בַּעַל שֵׁם טוֹב

cuentas maravillosas y hermosos que hizo el רַ"ב santo y publicado יִשְׂרָאֵל hijo de אֱלִיעֶזֶר en la ciudad de Mesibas de la Moscovia.[1]

Salonichi תקל"ב יצפ"ן.

Es gibt auch Erzählungen von wunderbaren einzelnen Ereignissen, die sich mit verschiedenen Personen zutrugen: רַ' יִצְחָק טיר"נא, Verfasser der מִנְחָגִים, sowie ר' מֹשֶׁה נאלאבנט und Andrer, die Erwähnung derselben genügt aber schon.

---

[1] Die Biographie desselben Kabbalisten und Wunderthäters erzählt auch ein polnisch-jüdisch-deutsches Buch: שִׁבְחֵי ר' יִשְׂרָאֵל בעש"ט.

Nachträglich erwähne ich noch folgendes Buch:

ספר דת יהודית ... שנת לא יבוֹר שבט מיהודה לפ"ק.

In hebräischer Quadratschrift: Hallado (אײַארו) en botica[1]) del Sr. Joseph Schlesinger en Vienna. 1881.

Dieses, in Raschischrift gedruckte Buch oder Büchlein — 40 Blätter in 12⁰ — enthält eine Zusammenstellung der von den Frauen zu beobachtenden religiösen Vorschriften. Die Ueberschriften der einzelnen Capitel sind theils hebräisch, nämlich הדלקת הנר — חלק נדה — חלק חלה, theils ladino, nämlich: דינים del salar, דינים de carne y manteca, דינים de los gusanos. Letzteres wird näher erklärt mit den Worten: Que tenga muncho cuidado de los gusanos que hay en la verdura y en el agua y en las frutas y en los legumes como dezir habas y garbanzos y semejantes cosas. Y acabidaremos a las señoras hijos de ישראל siendo que por su mano se rege la casa y tendran cargo de escapar a su familia de un grande pecado.[2])

Dem Buche gehen zwei Vorreden voran, die eine hebräisch, die andre in ladino, letztere eine Ermahnung an die señoras hijas de ישראל. Hierauf folgt eine Einleitung, aus der ich Folgendes anführe.

La verdad la asemejaron los חכמים antiguos al perdiz, que se llama en קורא לה"ק. Dizen que quando pare los guevos vienen perdizes otros y se los ruban y se asentan sobre ellos, y quando salen los pollos (פויוס) la naturaleza los enseña conocer la voz de su propia madre y luego que sienten su voz dexan esta que los rubo y se van

---

[1]) Botica — nach Diez ebenso wie it. Bottega, fr. boutique von Apotheca, Vorrathskammer — bedeutet nach dem Diccionario der Akademie in der heutigen Sprache pharmacopolium, entspricht also dem deutschen Apotheke nach jetzigem Sprachgebrauch, während das altspanische Botica die Bedeutung Laden, Kramladen — la tienda de cualquier mercader — hat.

[2]) Da in diesem Capitel von Flüssigkeiten, Früchten u. s. w. die Rede ist, die man genau untersuchen soll, um die zuweilen darin befindlichen Würmer zu entfernen, oder Nichts davon zu geniessen, so kommt hier mehrmals das Wort badkar (באדקאר) vor; es ist das ein vom hebräischen בדק, untersuchen, gebildetes Zeitwort.

detras de su madre verdadera.¹) Y el entendedor entiende la verdad y sabe que la verdad descubre a se mismo, y ansi dize el פסוק אמת מארץ הצמח, quiere dezir la verdad que esta hoy echada en tierra y menospreciada vendra el tiempo que florecerá. El rey שלמה ע״ה dixo שפת אמת תכון לעד, y ya tendres sentido el מעשה de aquel הגמון con אלעזר ר׳ que esta en זוהר הקדוש, y es que un הגמון dimando a ר׳ אלעזר y le dixo, el פסוק dize ר׳ הבן אמת שפה, y vosotros dizis que vuestra ley es la verdadera y la nuestra es שקר, y se ve claro que nosotros siempre prosperomos y vosotros Judios el bien y la prosperacion vuestra duro poco tiempo, de esto se proba que la verdad es nuestra ley. Respondio ר׳ אלעזר y le dixo, se dixiera el פסוק בונת que quiere dezir composuistes tenias razon, ma el פסוק dize תכון quiere dezir vendra tiempo que se compondra la verdad.

Zu den einzelnen Vorschriften werden am Rande die hebräischen Schriften angeführt, denen sie entnommen sind.

Wie aus Kayserling p. 59 ersichtlich ist, wurde dieses דת ס׳ יהודית bereits 1827 in Livorno gedruckt. Die Ausgabe vom Jahre 1881 (in der übrigens der Name des Verfassers nicht genannt ist) wäre demnach eine zweite Auflage, und es ist jedenfalls charakteristisch, dass das Bedürfniss nach einer solchen vorhanden war (denn sonst wäre das Buch nicht gedruckt worden).

Während also in dieser Literatur auch heute noch die seit Jahrhunderten bestehenden Anschauungen und Gebräuche dargelegt werden, kommen in derselben auch gleichzeitig moderne Ideen und Vorstellungen zur Geltung, wie aus den gegebenen — und noch zu gebenden — Auszügen zu ersehen ist.

---

¹) Dass das Rebhuhn (קְרָא Jer. 17, 11) die Eier anderer Vögel ausbrütet, erwähnt Kimchi im WB, sowie Raschi zu Mischnah Chullin XII, 1. Dass aber die jungen Vögel zu ihrer eigentlichen Mutter gehen, sagen andere jüdische Autoren, die Bochart (Hieroz. ed. Lond. II, c. 12, col. 84 fg.) neben Damiri, Epiphanius, Ambrosius, Isidor u. A. anführt.

Humoristische und unterhaltende Schriften.

ספר Alegria de פורים.

Alegravos hermanos queridos, y mete bien vuestros (guestros) sentidos, a meldar el cuento de פורים maravilloso, bien sabroso y namoroso,[1]) los milagros que nos (mos) hizo nuestro (muestro) Dio santo della altura, cuentra[2]) de la natura, asegun[3]) declararemos en la הקדמה, que meldandola gustara el גוף y la נשמה, y entrara en sus coraçones timor y amor de nuestro criador, y con este זכות nos mandara presto a nuestro regmidor.[4]) "בבא".

פה ליוורנו יע"א — שנת ליהודים היתה אורה לפ"ק (הרלה = 1875)
מיר החכם כמוהר"ר ישראל קושטא וחברו היו.
שקנו רזום משה ישועה טובייאנא נע"ו מדפיסים ומוכרי ספרים.

Das Buch enthält 80 Blätter in klein 8° und ist in unpunktirter Quadratschrift gedruckt. Kayserling p. 44.

In der Vorrede des Buches findet sich Folgendes:

Por este percure[5]) de acoger de מדרשים y תרגום שני en largo, y lo estampe en לשון ערבי para la gente de מערב en נורא התהלות, y en לשון הקדש en חא אלא עשה ס", y por esto percure בעה" de estamparlo en ladino, para nuestros (muestros) hermanos de la Turquia que no entienden לשון הקדש, para ser מזכה את הרבים, que cada uno pueda meldarlo en su lengua, y que todos lo puedan contar esto milagro grande a toda la gente de su casa.

Die Schlussworte dieser — 6 Blätter umfassenden — Vorrede lauten:

כה הצעיר אבן מקיר"[6])
עה" ישפה" סט".

Auf die Vorrede folgt die Erzählung כפור הנס די פורים, deren einzelne Capitel hebräische Inschriften haben, wie משתה אחשורוש.

---

[1]) Namoroso für enamoroso.
[2]) Für contra.
[3]) Asegun für segun, wie oben.
[4]) Für redimidor, wie oben.
[5]) Für procure.
[6]) Die beiden Worte אבן מקיר finden sich Hab. 2, 11, sie scheinen aber eine Anspielung auf den Namen zu enthalten.

Ein besonders langes Capitel ist überschrieben: לשון הרע של המן הרשע, darauf folgt das Schreiben des Königs an seine Unterthanen, beginnend mit den Worten: Despues de saludarvos a todos los pueblos y a todos los grandes y regidores de mi reinado, unterschrieben: el Rey אחשורוש איל פרסי יר״ה und contrasignirt: el visir המן איל אגגי יש״ו. Dieser Brief umfasst Fol. 21—23; Fol. 51—53 enthält ein anderes Schreiben des Königs an dieselben Personen und an die Juden, in welchem Schreiben Haman[1]) קיפיק אולו קיפיק genannt wird, und das — wie oben — vom König unterschrieben und contrasignirt ist: y su visir מרדכי היהודי יש״ו.

Unter der Ueberschrift הכנסה אסתר אצל המלך wird Folgendes erzählt:

Y fue Esther y se aparo en la corte de la casa del rey la de adientro, en frente de la sala que estaba el rey, y sus piernas le batian una con otra de la gran pavura. Y el rey estaba asentado en la silla de su reino, en frente de la puerta de casa. Y quando vido el rey a Esther que entro sin licencia cuentra de su ley, se arabio[2]) muncho y se le encendio como el fuego su rabia, y la vista de sus ojos como relampagos de fuego. Y quando alevanto Esther los ojos y vido la cara del rey que de su rabia se le encendio del gran צער que sentio cayo y se desmayo, que poco manco que no se murio. En aquella hora se subieron las piadades del ש״ית y se hincho de piadades sobre ella, de ver que entrego su alma a la muerte por su pueblo, y mando a los angeles de la grazia y la merced y la dio por gracia y merced y piadades en ojos del rey, y en aquel punto se le avolto el coraçon, y alzo grazia en sus ojos y se le encendio las flamas de su amor. Y le espandio el rey a Esther el verdugo[3]) de oro que en su mano, y se llego Esther y toco en

---

[1]) كوپك اوغلی كوپك (Keupek oghly Keupek), Hund, Sohn eines Hundes — türkischer Ausdruck der Beschimpfung.

[2]) Das Zeitwort קצף, zürnen, wird von de Oliveyra mit ensañarse, von Schauffler mit ensaniarse (der altspanischen Form des Wortes) und arabiarse wiedergegeben, mit letzterem Worte übersetzt auch die Ed. Constantinopel 1873 das Zeitwort חרה Gen. 31, 36, Num. 16, 15. Das Diccionario der Akademie gibt nur rabia und das altspanisch arrabiadamente = con rabia, airadamente.

[3]) Das Wort שבט Gen. 49, 10 erklärt de Oliveyra mit Ceptro, vara, verdugo, Schauffler mit Cetro, Vara del rey, mit Vara übersetzen das Wort auch Andere. Das שרביט Esther 4, 11 erklärt Schauffler mit Cetro, o la vara,

la punta del verdugo y lo beso. Y le dixo el rey, que tienes Esther la reina, y porque tu tomas tanto צער, si es porque pasates la ley del rey, que la sentencia es de ser matado el que entra ande el rey sin ser llamado (ייאמאדו), esta ley es para gente estranea, ma no por ti que sois mi muger mi amada y estimada, que tu sois patrona y señora de venir ande me sin licencia toda la hora que gustas. Y el מלאך de la grazia y el amor le encendio mas y mas la flama del amor, fin que no pudo דאייאניאר,[1]) y se alevanto de su silla y corrio ande ella y la abrazo y la beso y la truxo y se la asento alado, y le dixo, respondemi Esther la reina, mi alma y mi vida, dime amor mio que es tu venida, y que tanto צער te tomastes, dime que es tu dimanda, y aun que sia valor de medio reinado, que se haga por contentarte y hazer tu gusto.

Respondio Esther con voz baxa y flaca, que no le salia la palabra tanto que estaba en תענית de tres dias, como del gran צער y el dismayo que tuve, y le dixo, mi señor el rey, si tope grazia en tus ojos, y gustas acomplir mi dimanda, que venga el rey y המן hoy ande me al convite que les hize. Le respondio el rey, si esto es tu dimanda mi querida, subito se haga tu gusto. Y en aquel punto comando a sus servidores, corre a llamar a המן que venga subito a hazer el comando de Esther . . . .

Auf die Erzählung folgen verschiedene Complas de פורים, die ersteren haben 83, die letzteren 75 Strophen, von denen die erste lautet:

Con ajuda de Dio alto, que no nos (mos) haga nada falta, lo alabo y lo canto. Viva el rey, viva yo, vivan todos los Judios, viva la reina Esther, que nos dio tanto placer. (Refrain.)

Den Schluss des Buches bilden mehrere Parodien, darunter: כתובה de la hija de המן, dote de la hija de המן, dann צוואת המן הרשע und השבבה של המן הרשע.

Aehnlichen Inhalts ist das Büchlein:

Complas de פורים, por recontar el נס de פורים y dar loores al שי״ת por todos los milagros u. s. w. Belgrad תרכא (= 1861).

---

o verdugo del rey. Letzteres Wort haben auch noch andere Uebersetzungen. Unter den verschiedenen Bedeutungen des Wortes verdugo, die in den spanischen WBB. angegeben werden, fehlt die von „Scepter".

[1]) דאייאניאר ist das oben erwähnte türkische dājānmek — دايانمق — wiederstehen. Mek (mak) ist eine türkische Infinitivendung, der also hier die spanische Endung substituirt wurde, wie ähnlich den oben erwähnten hebräischen Wörtern בפ״, דריש, ברק.

Das Vorwort lautet: Buen פורים buenos años Senores, porque canten estas complas por Esther una de los flores, por que nos escape de mano de המן y de los matadores. El comer que sia de todo modo de sabores, y el beber vino viejo de todos los colores, y al Dio ברוך הוא dar los loores, que nos regmio de mano de angustadores, por mano de מרדכי uno de los señores.

Hierauf folgen ähnliche Parodien wie die oben erwähnten.

Roscas[1]) de Purim
para נשים y אנשים,

amasadas de גוֹחַה[2]) — enfornadas de מוחה[3]) — henchidas de גוֹחאייקו[4]) — con אלהאישוב[5]) de lo mas fino — porque puedan beber vino. — קֵרֵחַ[6])

Viena ר"ח אדר 5626.

Estampado en la estamperia del Sr. K. M. Hellmann. Wien 1866, Druck von C. M. Hellmann. Kayserling p. 92.

Ein kleines Büchlein von 60 Seiten in Duodez, mit allerlei witzigen und witzig sein sollenden Sachen in Prosa und Poesie: Anekdoten, Aphorismen, Räthsel, Gedichte, Sentenzen und Sprüche, darunter manches Hübsche, wie z. B. (p. 21): Segun se topan mesquinos verguenzosos, ansi se topan ricos desverguenzosos. Manches ist deutschen Ursprunges (was aber nicht bemerkt wird), so z. B. ein, mit einer Abbildung versehenes Gedicht (p. 35), von dem ich im Folgenden einige Strophen anführe.

---

[1]) Rosca heisst ein ringförmiges Gebäck. Die Titelvignette des Büchleins (die sich aber auf der Kehrseite des Titels befindet) stellt einen barok aussehenden Mann vor, der an einem gedeckten Tische sitzt und in der Hand einen ringförmigen Gegenstand hält mit der Unterschrift: Quien de mis roscas comera, el año entero se reira.

[2]) Der fingirte Name des Verfassers, eine spassige Person, ähnlich wie der englische Punsch (von Punschinello).

[3]) Soviel wie Witz, vom hebräischen מוֹחַ. Gehirn.

[4]) Von גוחה gebildetes Wort, Spass.

[5]) Ein süsses Getränke.

[6]) Kahlkopf, ebenfalls fingirter Name des Verfassers.

Poesia de גוחה, sobre el bal de gastos en חורפיכטה.[1])

En recio adormecimiento
Cayo alimania y gente,
Y de casa el propheta
La su voz non se le siente.

Solamente de tegados
Se aguntan musafires,[2])
Musafires encodadas[3])
Se encontran con batires.[4])

En la sala de un patron
Ya corean su cantar
De romper el coraçon,
Y la piedra de ablandar.

De los gatos el mas viejo
Empezo a panderiar,
Y dos otros del consejo
Le ayudan con soplar.

Todos los gatos y gatos
Empezaron a baylar
Cosa che patos y patas
Empezaron a gritar.

(Folgen noch fünf Strophen).

Es ist das, wie man auf den ersten Blick sieht, das bekannte Gedicht Lichtwehr's: Thier und Menschen schliefen feste — Selbst der Hausprophete schwieg — Als ein Schwarm geschwänzter Gäste — Von des Nachbars Dächern stieg.

Complas de יוסף הצדיק.

Son hablas graziosas, y muy hermosas, que cierto quien las meldara, gusto tomara . . . y el זכות del padre y los hijos mamparara,[5]) que el Dio el untado nos mandara.

---

[1]) Fingirter Oitsname.
[2]) Wie oben Gäste.
[3]) Geschwänzt, von coda, altspanisch Schwanz.
[4]) Von batir, Gelärm, Gepolter.
[5]) Mamparar wird gewöhnlich statt amparar gebraucht; im Spanischen finden sich die Hauptwörter mampara, mamparo.

נדפס כבר שאלוניקי הקטו וגדפם שנית פה בילוגראדו הרב״ה לפ״ק.

Als kleine Probe gebe ich im Folgenden einige Strophen aus der Arie, welche Potiphars Frau singt.

יוסף mi alma y mi vida — per te yo ya so perdida — so yo tu sierva bendita, apiadate de mi.

יוסף lucido y galante, pulido mi diamante, que non seas tu causante, que yo me mate a mi.

יוסף el pie quando te beso, que el alma me tienes preso, no me hagas perder el seso, que yo me muero por ti.

Librico de תוכחת מגולה.

Sea sabido meldador que todas estas coplas,[1]) tocante al Judismo que no las tome en cuento de זיפקלינגמיק, sino que se le esabente su coraçon, y reciba castigerio porque las mas de ellos que son tocante a la תפלה de cada dia hazen llorar el בן אדם.

חיים יום טוב es mi nombre, y Magula (מאגולה) mi alcuña.[2])

Y tambien estampamos el מוסר השכל,[3]) tresladado en ladino de el רב המובהק יצחק פרחי ז״ל, que es provechoso para la alma asegun verra el meldador en estudiandola.

שנת תרי״ח = 1858. Der Druckort ist nicht angegeben.

Diese coplas (13 Bl. 8° in Raschischrift) enthalten Klagen und zwar sehr detaillirte Klagen über die Vernachlässigung religiöser Ceremonien, über leichtfertige Lebensweise u. s. w. Unter demselben Titel finden sich am Schlusse andere coplas von ר׳ יצחק פרחי ähnlichen Inhalts, nur dass der Verfasser in der ersten Person Plur. spricht, sich selbst also ebenfalls anklagt.

---

[1]) Diese Schreibweise — statt complas — findet sich mehrmals.

[2]) Im Original אלקונייה. Alcuño ist das altspanische Wort für Beiname, vom arabischen Alkunja (الكنية — hebr. כנוי). Es wäre möglich, dass das hier gebrauchte אלקונייה das arabische Wort sei. תוכחה מגולה (Offene Zurechtweisung) ist ein Prov. 27, 5 vorkommender Ausdruck, der Titel bildet also zugleich ein Wortspiel, da Magula der Name des Verfassers ist.

[3]) Dieses מוסר השכל ist auch — Constantinopel 5590 = 1833 — besonders erschienen, als Anhang zu einem hebräischen Buche (מרפא לעצם) desselben Verfassers.

Darauf folgt (f. 13ᵇ) von demselben Verfasser das oben erwähnte ספר מוסר השכל. Es sind dieses Betrachtungen und Ermahnungen, die an die einzelnen Verse des Dekalogs anknüpfen, der also gleichsam den Text bildet.

Darauf folgen f. 25ᵇ Coplas de פֿיליק, deren Thema die Welt[1]) bildet.

Historia de Alexandros el grande, rey de Makedonia.

Lectura muy interesante y provechosa.

Edicion y propiedad de la libreria editorial del Sr. Joseph Schlesinger a Viena. — חכמות בחוץ תרנה לפֿק.

Histoire d'Alexandre le Grand. Jos. Schlesinger, libraire editeur. Vienne 5650 (1890).

Dieses Büchlein — 58 Seiten in klein 8°, Raschischrift — enthält 11 Capitel mit folgenden Ueberschriften:

1. Enemistad de los Samaritanos (שומרונים) contra los Judios. 2. סנבלט y su yerno מנשה. 3. Alexandros de Makedonia vince el exercito persico. 4. Los Judios no quieren cometer infieldad a דריוש y atrahen por esto la rabia del irritado Alexandros. 5. En qual modo supo סנבלט alcanzar su intencion. 6. El sueño del כהן גדול ידוע. 7. La ira de Alexandros se troca en favor graziosa. 8. El castigo de los Samaritanos. 9. Conversacion de Alexandros con los sabios del Sud (דרום). 10. Aventuras del viage. 11. Alexandros continua a favorizar los Judios.

La familia misteriosa.

Teatro en 4 actos en poesia, composito de Jakob Behar, Trieste (diese 3 Worte in lateinischen Buchstaben) en 1. המוז 649. Se estamparon a los gastos del Señor סת̈ אברהם ב׳ אלטאביב.

Se trata de el Marques de Belvedor que fue undido[2]) en la mar con su muger y hijo, que despues de años hermano y hermana se iban a casar y su madre en el punto de esposar.

---

[1]) פֿיליק ist das arabisch-türkische felek — فلك — Welt.

[2]) Dieser Ausdruck soll hier wohl ertrinken oder versinken bedeuten, er fehlt aber in den spanischen Wörterbüchern.

Dieses Büchlein — 56 Seiten 8⁰ in Raschischrift — erwähne ich desshalb, weil es unter allen jüdisch-spanischen Büchern, die ich kenne, das einzige Drama ist oder vielmehr sein soll.

משלים די שלמה המלך ע״ה
קושטנדינה תרכ״ה (1865).

Es findet sich hier zunächst die bekannte Erzählung von Salomon und Aschmedai (Gittin 68 fg.). Darauf folgt, nach dem עמק המלך, der aber nicht erwähnt wird, die romantische Erzählung von Salomon und der Tochter des Königs von Ammon (cf. meine Beiträge p. 251, 252). Dann kommen verschiedene Beispiele von Salomons Weisheit, die anderswo von anderen erzählt werden. So die Erzählung, die ähnlich in 1001 Nacht vorkommt, wie zwei im Honigtopfe zurückgebliebene Goldstücke den Betrug an den Tag bringen. Dann von dem Manne, den der König, um ihn auf die Probe zu stellen, beredet, seine Frau umzubringen, wozu er sich aber nicht entschliessen kann, während seine Frau in gleicher Weise vom König aufgefordert, ihren Mann zu tödten (unter dem Versprechen, sie alsdann zu heirathen) allerdings den besten Willen hat, es zu thun, nur dass sie es nicht thun kann, da das zu diesem Zwecke ihr gegebenes Schwert ein bleiernes ist. Dann von dem an drei Brüder gegebenen Rath, den aber nur der Jüngste, zu seinem Heil, befolgt. Dann von dem in Blut getauchten Knochen, um darzuthun, wer von zwei Prätendenten der wahre Sohn sei u. A. mehr.

Calendario de el año judismo 5630

y el dato nemzisko¹) y serbisco, reglado y estampado de mi הצעיר דוד משה אלקאלעי. Belgrad.

Darin ist eine Rubrik: Los dias de fiesta de los Serbos, que en ellos los Judios belgrados son obligados de cerrar sus negocios.

Una mirada a la historia ottomana

con la buena venida de nuestro Señor, el rey ²) חאן מיגיר עבדול שולטן אלגאזי a Saloniki en el 25 המז 5619.

Saloniki 5620.

¹) Νεμζικός ist das neugriechische Wort für „deutsch".
²) חאן, das türkische Khan — خان — Monarch, Souverain, אלגאזי das arabisch-türkische algâzi — الغازي — der Siegreiche.

In diesem Büchlein findet sich unter Andrem Folgendes:

El canto que cantaron los chicos a la buena venida del פאדישאמיס איפינדרימיס)¹.

Tresladacion del ²)חאט חומאיון. Ein Erlass des Sultans, an seinen Vezir gerichtet.

³)קאנון נאמי de penas. Lettras de nuestro Señor el rey יה״ 5620.

Historia universal.

Trata en corto los cuentos mas afamados de la historia de todas las naciones, areglado en buen modo a la regla de la geografia y afeitato con unas quantas notas importantes por uso de los chicos.

Saloniki 5621 (enthält nur Asien).

La historia de Napoleon tercero.

Tresladado del לשון הקודש, el qual lo compuso el רב הגדול ר׳ אברהם מנחם מענדל מאהר de Lemberg.

Saloniki תרי״ז לפ״ק (1857).

Don Joseph y su hija.

Historia muy curiosa que acontecio en la España en el secolo quinceno a la cuenta franca, de un judio primo ministro del rey Don Juan, tresladada de la lengua santa en habla clara que se habla entre nuestro hermanos de la Turquia. Por me el menor ברוך בן יצחק מטראני ס״ט.

Viena, hallado en botica del Sr. Jos. Schlesinger (1868) שנת תרכ״ח לפ״ק.

Dieses Büchlein — 48 Seiten in 12°, Raschischrift — enthält eine Erzählung, wie Don Joseph b. Ephraim, Premierminister Don

---

¹) Türkisch unser Padischah — پادشاه - Monarch, unser Efendi, افندی — Herr.

²) Das persisch-türkische Khati humajun — خط همایون - Schreiben des Sultan (erlabne Schrift).

³) Türkisch Kânûn nâme — قانون نامه — Gesetzbuch.

Juan's, Sohn Manuel's, Königs von Spanien, angeklagt wurde, die Vergiftung des Königs beabsichtigt zu haben und ins Gefängniss geworfen wird, bald aber seine Freiheit wieder erhält, da seine Unschuld an den Tag kommt. Seine Tochter hat während dessen, in dem Krieg mit Marokko, als Mann verkleidet, den marokkanischen General getödtet.

קול מבשר

que se reconta en el el cuento de los בני משה, y resto de cuentos maravillosos cogidos de los libros de חז״ל, y מעשה de el ירושלמי, y חדוה bien ordenados con sus respuestas . . . y de בנין בהמ״ק que presto lo fraguo el שי״ת אבי״ר.

Saloniki הרי״א (1851).

Man findet hier zwei Erzählungen aus בן המלך והנזיר, die von dem Gartenbesitzer und dem Vogel mit seinen drei Lehrern (Cap. 21), sowie die von dem Manne, der die Sprache der Thiere verstand (Cap. 24). Eine andere Erzählung ist die von dem Manne, dessen Sohn sich rühmt, treue Freunde zu besitzen. Auf den Rath seines Vaters stellt er sie auf die Probe, die sie aber nicht bestehen, während der einzige Freund des Vaters demselben aus seiner (fingirten) Bedrängniss hilft. Den weiteren Inhalt bilden Räthsel und äsopische Fabeln (חידוה איסופיטי), der Fuchs und der Rabe, der Hund mit dem Stück Fleisch, dessen Widerschein er im Wasser sieht, der Wolf und der Kranich (עגור), der Löwe und die Maus und andere.

Zeitschriften und Zeitungen.

Tresoro.

Aparece una vez los quince dias.
En la estamperia del גורנאל ישראלית (in Constantinopel).
Von dieser Zeitschrift besitze ich Nr. 6 vom 1. טבה 5625 (1865). Diese Nummer — 30 Seiten Duodez in Raschischrift — enthält folgende Fortsetzungen früherer Artikel:
Historia de Sultan Selim III. — Maestro con discipulo (ein Gespräch). — Inquisicion de la España. — Principio de la fragua de Costa (Constantinopel). Am Schlusse ist der Redacteur unterzeichnet יחזקאל גבאי ה״י.

El Lunar.

Una acogida de diversas informaciones tresladados¹) de los libros y escrituras mas afamados de nuestro tiempo. Debaxo la direccion de יאורה נחמי.
Saloniki 5626. Kayserling p. 112.
Dieser mir vorliegende Jahrgang enthält u. A. folgende Artikel. (Vorher geht ein kleines hebräisches Gedicht, ein Willkommgruss an das neue Jahr.)
1. El cosmopolitismo judaico. Es wird hier eine Stelle aus Dr. Bodin's Buch über den Kosmopolitismus angeführt, in der nachgewiesen wird, dass die Juden das kosmopolitische Volk par excellence seien. 2. Columbus. 3. El viage del ישראל, libracion segunda. 4. Las religiones de Russia. 5. Una mirada a la astronomia. 6. El baron Montefiore. 7. La luz. 9. Los diez tribus (nach Dr. Buchanan's Reisebeschreibung). 9. La eternidad de la Alma (nach Mendelsohn's Phädon). 10. Los Judios de Constantinopoli. 11. La historia de שבתי צבי. 12. ר׳ שלמה מונק. (Salomon Munk). Hier wird u. A. folgende Stelle aus dem „Petit Journal" (פיטיט גורנאל) in Uebersetzung angeführt: „Ayer la hora dos despues de media dia darso²) la primera vez en la academia que se llama College de France (קולינ׳ די פראנסייה) el חכם שלמה מונק u. s. w.

Guerta de historia.

Tresladado del nemzisco en español del menor
שם טוב בן דוד שבתי שימו הי״. Viena 1864.
Dieser mir vorliegende Jahrgang enthält u. A. Folgendes:
1. Vinagre. Treslado del libro del doctor famoso Sr. Becker de Lipsia de su libro nombrado el doctor de casa. 2. Treslado del Conversazions lexicon en regla de אב״. In dieser Uebersetzung einzelner Artikel des Conversationslexicon lautet ein Artikel:
אבד es una palabra arabiga, esclavo o siervo, como אבד אלה, quiere dezir siervo del Dio, אבד אל קאדיר es su declaro siervo del Dio poderoso.

¹) Das hier oft vorkommende tresladar entspricht dem spanischen trasladar.
²) Darso ist das bereits oben vorgekommene von ד-ש gebildete Zeitwort, hier in der Bedeutung: „einen Vortrag halten."

Der Uebersetzer hätte allerdings lieber עבד statt אבד schreiben sollen, da das Wort im Arabischen mit Ain geschrieben wird und dem hebräischen עבד entspricht.

3. El vecino de רש״י en גן עדן (eine Erzählung). 4. Dias lemuñosos en la Prussia, de la historia de Napoleon el primero. 5. Napoleon y el בעל שם, tresladado de los סיפורים de Praga. 6. La prision de Napoleon y su muerte en Sanct Helena. 7. El hijo de R. J. Eibenschitz. 8. חידות. Unter diesen Räthseln ist das folgende, welches zeigt, dass der Verfasser Schiller's Gedichte kennt.

En la piedra adormecido — Con el ferro soy despertado — Chico y fluxo soy nacido — Me vince una asoplada — Quando me esforzo vo mayorgando — Se mi חבר va asoplando.

9. Refranes, darunter: Segun los viejos cantan, ansi los mancebos baylan. En primero hecho despues pensado, mas de un dolor a causado. El gamello cuernos busco, por esto las orejas perdia.[1]) Mejor vecino cercano mas que hermano lexano.[2])

El Dragoman.

El folio sale de la estampa cada primero y el 15 del mes catolico.

Folios separatos se topan a mercar en Viena onde la libreria de Sr. Jakob Schlossberg Nr. 9 Fischmarkt y onde la libreria Herzfeld y Bauer Jägerzeil alado del cafe Haberstrumpf.[3]) Kayserling p. 112.

Todo el que gusta de escribir al Dragoman adreze su letra שם טוב סימו en Viena y en Italiano Sig. Isak Semo in Vienna.

Wien 15. November 1865 (mit lateinischen Lettern). Viena 26. חשון 5626. Año segundo.

Diese Zeitschrift (oder Zeitung) enthält abwechselnd politische und unterhaltende Artikel. Stehende Rubriken sind: Ultimas novedades de la politica. Novedades del dia. Avisos tocantes a la nacion ישראלית. Cursos de las valutas. Ultimos telegrafos. Corrispondenza

---

[1]) Der Spruch ist ein talmudischer, kommt aber auch sonst oft vor (cf. meine Beiträge p. 44).

[2]) Ganz gleichlautend ist die Uebersetzung von Prov. 27, 10 טוב שכן קרוב מאח רחוק.

[3]) יעקב שלוסבירג ג׳ ישמארקט נו׳ 9 — הירצפילד אי באואיר יגרצייל אלאדו דיל קאפי האבירשטרומפף.

originale, darunter viele Briefe aus dem Orient. Sala de pasatiempo. Daneben finden sich längere Erzählungen, Betrachtungen, Nachrufe, Abbildungen einzelner Personen mit kurzer Biographie derselben, z. B. Montefiore, Abd-el-Kader, der Vorsänger Sulzer in Wien und andere.

El correo de Viena. (אִיל קוּרִיאוֹ דִי בּיֵינה).

Trecer año. Viena 20. טבת 5632. Genajo 1872. (Kayserling p. 112.)

Aparece el primo y quince del mes catolico.

Jede Nummer enthält ein Beiblatt mit folgender Ueberschrift: Wien, 1. Jänner 1872 (in lateinischen Lettern).

El tresoro de la casa (in hebräischer Quadratschrift).

Beilage zu „el Correo de Vienna" (in lateinischen Lettern).

Am Schlusse einer jeden Nummer heisst es:

Eigenthümer A. Semo. Verantwortl. Redacteur Adolf v. Zemlinszky. Jakob Schlossberg'sche Buchdruckerei (in lateinischen Lettern).

Viena estamparia de יעקב Schlossberg. Redacteur responsable Adolf de Zemlinsky. Patron שם טוב סימו (in Raschischrift).

Der mir vorliegende Jahrgang 5632/33 = 1872 hat folgende stehende Rubriken: Revista de la politica. Diversos telegrafos. Novedades del dia. Novedades tocantes a la nacion ישראליתה. Correspondencia particular del Correo de Viena (darunter viele aus dem Orient). Curso de los valutas. Ausserdem finden sich Aufsätze über die verschiedenen Dinge, darunter Gerichtsverhandlungen, Nekrologe und Nachrufe, zuweilen mit hebräischen Gedichten. Das Beiblatt „el tresoro de la casa" enthält u. A. folgende Artikel: El maldicho. La venganza de un Judio (zwei längere Erzählungen). Alianza ישראלית universal (Correspondenz aus Paris). Una ajunta[1]) grande para modre (פארה מודרי)[2]) de los Judios en Rumenia. (חומר ורוחני[3]) (ein längerer Artikel über jüdische Literaturepochen). El inventor de los telegrafos. El patre de Mortara (nach einem in Rom erscheinenden Journal). El examen del principe heredador del trono de Austria (Kronprinz Rudolf). La madre del Imperador de Austria.

[1]) In den spanischen WBB. findet sich nur junta.

[2]) Wegen, zu Gunsten, wie oben p. 96. Es ist bemerkenswerth, dass dieser entstellte Ausdruck auch in diesem Blatte wiederkehrt.

[3]) Die Nummer vom 5. Weadar 5632 enthält eine humoristische משבת פורים.

El tiempo.

Periodica israelita, politico, literareo, comercial y financiero, aparece el lunes y el jueves cada semana.

Diese in Galata-Constantinopel erscheinende Zeitung (in Raschischrift) enthält in der Nummer vom 19. März 1894 (11. Weadar 5654) folgenden aus München datirten Nachruf von einem, in Smyrna geborenen, Bewohner Münchens.

אלחאד¹) 4 corriente se amato un personage remarcable del Judaismo, el Dr. Joseph Perles ז״ל, gran Rabi de Munic y miembro del comité central de la alliance israelite a la edad premadurada de 58 años.

Dr. Perles era un hombre muy afable, muy generoso y de una piedad ejemplar. Yo tuve el honor de conocerlo de muy cerca. El era mi amigo y mi protector aqui. Mientras la ultima epidemia colerica de Smyrna yo me adereze al defunto y lo roge de recoger algunos socorros en favor de nuestros pobres hermanos que sufrian a causa de la epidemia. Como las leyes del pais no permiten de hacer subscripciones por paises estrangeros, el hizo un dono particular de 100 Marcas.

El defunto era considerado justamente como uno de los mas eruditos רבנים de la Europa. El era muy versado en las lenguas orientales. El clerigo cristiano admiraba sa grande ciencia teologica, y sus relaciones cientificas que fueron publicadas eran altamente apreciadas. Se puede dezir, que es gracia a este regretado sabio, que el antisemitismo no pudo echar profundas raizes en la Baviera como en los otros paises del imperio germanico. El fue a la cabecera de la comunidad de Munic mientras 23 años y siempre no tuvieron que a alabarse de su sabia administracion de su honestidad y de su amor por sus correligionarios.

Las funerales tuvieron lugar el dia de martes. La asistencia se recogo en la synagoga central, que es una de las mas magnificas que se topen en Europa. Es gracia al zelo y a la actividad del defunto que la comunidad israelita de Munic fue dotado de este tiemplo. Numerosos discursos fueron pronunciados. El mas interesante fue aquel del Dr. Frank, gran Rabi de Colonia, que vino especialmente a Munic por asistir a los funerales y representar el comité central de la alliance israelite. Dr. Frank empezo con los vierbos הלא

---

¹) אלחאד = Sonntag, wie oben p. 50.

תדעו וגו'. El hizo con una rara maestria el retrato del defunto y el panegirico de sus cualidades. El defunto deja una memoria venerada. Joseph Perles no murio, dixo el Dr. Frank — עוד יוסף חי.

La buena esperanza (in hebräischer Quadratschrift) aparece dos vezes la semana.

La esperanza (in lateinischen Buchstaben).

Direccion y Redaccion Arab-Han No. 9 Smirna.

Diese — in Raschischrift gedruckte — Zeitung umfasst vier Folioseiten; am Schlusse der vierten Seite ist der Redacteur en chef unterzeichnet: Redactor en capo Aaron Joseph חון.

Die mir vorliegende Nummer (Nr. 1053, año veinte y uno) trägt das Datum: Miercoles, 27. ואדר) 654. Der Leitartikel (La politica überschrieben) hat das Datum: Smyrna (איזמירנה) 4. Abril 1894.

Im Folgenden gebe ich die Ueberschriften der einzelnen Artikel:

La politica. Novedades israeliticas. Rivista de los Giornales. Novedades de la capital. Variedades (kleine Notizen: La fin del mundo — pranzo בשר en casa de un principe — una fina respuesta). El fantoma (eine Erzählung). Novedades locales. Daneben sind mehrere Annoncen (publicaçiones): Una grande loteria de capitales von Valentin & Co., maison de Banque, Hambourg und ähnliche.

„Unter dem Strich" ist ein Feuilleton (פוליטון), das die Fortsetzung einer Erzählung — Coraçon de muger — enthält.

Im Folgenden gebe ich die Titel einiger anderen Bücher.

ספר אהבה הזוהר.

Se declara en el la grandeza y la מעלה de la מצוה ואהבת לרעך כמוך, que toda la ley esta decolgada en dita מצוה.

אזמיר הרלב לפ״ק (1872).

ספר אלדד הדני.

Dando a entender la grandeza de los עשרה שבטים que estan en tierras lexanas.

Saloniki תר״ך (1860).

ספר איוב.

הלא הוא לימוד לצום החמישי שנוהגים ללימוד בבית הכנסת תלמידי
תלמוד תורה בניגון פסוק בפסוק בלה"ק ובלשון לע"ז.
נדפס בליוורנו הקלח" (1878).

En Livorno MDCCLXXVIII. Nella stamp. de Giv. Vinc. Falorni.
Con approvazione.

Die Uebersetzung ist in lateinischen Buchstaben.

ספר אמרי בינה.

Sabran Señores siendo este librico hay 23 años que lo hecho
el Sr. הרב ר יצחק פרחי ז"ל y siendo que agora no se estan topando . . .
percuremos echarlo en la estampa. Saloniki תרכ"ג (1863).

ספר בית תפלה

כולל חובת הלבבות. וכונה תפלת העמידה ותפלות יבקשות ושירים
ותשבחות.
אשר נמצא באמתחת איש אחד מן הרמתים. דין הוא הוד והדר
חכירא ופרישא כמהו"ר אליעזר פאפו יצ"ל.

Y treslademos el מו"ב en ladino y lo truxemos a la estampa.

על ידי הצעיר דוד בן משה אלקלעי נר"ו ובנו הצעיר משה דוד
אלקלעי יצ"ו.
פה בילוגראדו יע"א בשנת בח"ר תורה לפ"ק (1860).

Dieses — in Raschischrift gedruckte — Buch enthält Bemerkungen zu den Gebeten, so namentlich zu den 18 Benedictionen
(שמונה עשרה), sowie auch besondere Gebete für die verschiedenen
Vorkommnisse des Lebens.

ספר גדולת משה

y es a contar la גדולה de מ"ע, de todo lo que vido a los cielos,
y lo que se apareció el Santo bendicho el a el en monte de סיני.

Saloniki תרט"ו (1855).

ספר דרכי האדם.

El רוב de sus palabras son de el "ב מאמר ב חלק הבריה ב. que se llama אהבת רעים.

Saloniki תר"ל (1870).

ספר נס חנוכה.

Siendo nuestra אומה bendicha desean por saber y entender las maravillas de nuestro Dio ensalzado que haze en cada דור ודור a su pueblo, por dita סיבה estampamos dos מעשיות de חנוכה en ladino. (1866) אמיר תרי"ו.

Die beiden Erzählungen sind מגלה אנטיוכוס und מעשה יהודית.

ספר עולה שבת.

Auf dem hebräisch geschriebenen Titelblatt nennt sich der Verfasser אברהם בלאא מהו' ראובן. Der Druckort ist Salonichi 5557. Das Buch enthält Vorschriften für die Beobachtung des Sabbath.

Complas de פסח.

Por cantar בפה צח · להודות לחי לנצח.
Salonichi תר"י (1850).

ספר תוכחת מוסר.

Son palabras de זוהר הקדוש que su meldado es estimado delantre el שי"ה mas de todo למוד.

Salonichi תרי"ו (1856).

Register.

Hebräische Büchertitel.

Seite		Seite		Seite	
117	אגרת בעלי חיים	75	חובה הלבבות	52	פזמון
118	אגרת הפורים	88, 132	חנוך לנער	100	בלא יועץ
153	אהבה תזכור	8	חשק שלמה	67	פרי עץ הדר
10	אוצר דברי להק״	97	טובה תוכחה	61	פרקי אבות
37	אזהרות	130	יסודוה דקדוק להק״	81	קב הישר
154	איוב	47	ס׳ הישר	148	קול מבשר
153	אלדד הדני	64	כתובה לשבועות	72	קרא עלי מועד
24, 154	בית תפלה	134	לקט הזהר	136	שבחי האדי
38	בכורים	132	מגן דוד	133	שבט יהודה
44	בן סירא	20	מחזור 5344	84	שבט מוסר
122	ס׳ הברית	22	מחזור 5410	125	שבילי עולם
41	סדר ברכות	114	מנורת המאור	27	שיר השירים
154	גדולת משה	76	מעם לועז	131	שמונה פרקים
130	דקדוק לשון הקדש	95	מקור חיים	40	שש שערים
155	דרכי האדם	109	משיבת נפש	144	תוכחת מגולה
137	דת יהודית	146	משלים דישלמה	155	תוכחת מוסר
56	הגדה של פסח	155	נס חנוכה	51	תולדות בני ישראל
115	הנהגה החיים	55	סליחות	66	תפלת כל פה
	הודאת אמונה	64	עבודה השנה	34	תפלה לתענית
70	ישראל	155	עזלה שבת	111	שבחי האדי
91	והוכיח אברהם	133	עמוד די רש״י		
9	זה רענן	9	עץ חיים		

Spanischer Titel von Büchern und Zeitschriften.

	Seite		Seite
Alegria de Purim	139	Guerta de historia .	149
Almenara de la luz .	114	Historia de Alexandros .	145
Biblia en dos colunas	15	Historia de Napoleon tercero	. 147
Biblia ed. Ferrara	14	Historia universal .	. 147
Calendario 5630 .	. 146	Don Joseph y su hija	147
Cantar de cantares	31	El lunar . . .	. 149
Coplas de Joseph	143	Una mirada a los cielos .	. 129
Coplas de Purim	141	Una mirada a la historia otto-	
Correo de Viena .	. 151	mana	. 146
El Dragoman	150	Obligaçion de los coraçones	. 75
La Esperanza . .	. 153	Orden de las oraciones cotidianas	23
Escalera a la anvisadura .	. 127	Regimiento de la vida .	. 115
La familia misteriosa	. 145	Roscas de Purim	. 112
Fuente clara . . .	. 120	El tiempo .	. 152
Gramatica de la lengua santa .	130	Tresoro	. 148

Wortregister.

Altspanische Wörter und Wortformen.

	Seite		Seite		Seite
A, voigesetzt	14, 18,	coda	143	Ladino	1, 25
	29, 44, 69, 87	conhortar	12	lemuño	12
abezar	129	cortejo	124	liebdo	57
acavidar	38	crianza	45	Mamparar	98
acimentar	17	devedar	104	muncar	50
aconontar	99	de vista	92	mancebez	106
acostar	81	Enodio	30	manir	22
acucbillar	11	enriba	89	mañera	25
adoloriar	26	entropezar	46	mangrana	69
aer	87	envoluntar	49	mesurar	20
agora	13	escatimoso	50	Parar mientes	97
alhabaca	29	escuro	120	pesgado	104
alimania	13	esfriar	86	puntable	106
almosna	47	esmover	97	Quatropea	18
apretente	49	espandir	50	quitar	86
asabentarse	78	estajar	96	R methathesis	17, 25
avigar	17	estruir	50	Sequioso	98
B statt V	23, 29	estulto	17	Solombra	22
baxura	72	F statt H anlautend	15, 20	sontraer	11, 107
bendicho	25	fiucia	59	Tortura	21
botica	137	Futurum altsp.	19	tresoro	67
Captiverio	81	G anlautend statt H		Vianda	96
catar	21		30, 95	Y statt ll	13, 26

Neugriechische Wörter.

	Seite		Seite
Καλόγεροι		νερζικός	146
μακάρι	97	τζιμπούκι	91
μοναχίρης	83	τορτούνι	90
μπακάλης	67	χαμπέρι	102

Arabische und türkische Wörter.

	Seite		Seite		Seite
الحد	50	خليل	125	ملك	145
اخلاق	119	خيرة	120	قادر	103
آزاد	108	دايانمق	103	قانون نامه	147
افندى	147	دومن	107	قدس شريف	125
امّا	102	ذوقلنمق	93	قرار	82
انجاق	48	رسالة	119	قورشون	92
انصافسز	120	زيارة	126	كافى	22
پادشاه	147	زياذكار	120	كسور	112
پاپاز	83	سبط	126	كعبة	126
بشارة	16	سراى	80	كفر	58
بقال	67	سودا	108	كنيبة	144
تُتُن	90	سوسان	29	كوپك	140
تمر	21	شابلوط	11	كيف	92
جامع	125	شريف	25, 45	لحن	55
چبوق	91	صاجرة	126	لقردى	89
جلاد	83	صقلب	12	مُثَلَّث	46
حبق	29	ضيافة	106	مسافر	83
خان	83, 146	عارسزلك	94	مسجد	126
خبر	102	عربه‌جى	88	مقبول	107
خروبه	69	علاقه	84	مؤذّن	118
حزينة	83	غازى	146	يار	120
خط همايون	147	غروش	94		

www.ingramcontent.com/pod-product-compliance
Lightning Source LLC
Chambersburg PA
CBHW030251170426
43202CB00009B/702